AI時代の大学と社会

── アメリカでの学長経験から ──

古井 貞煕 著

丸善プラネット

発刊に寄せて

　豊田工業大学シカゴ校（Toyota Technological Institute at Chicago＝TTIC）と聞いても、多くの方はピンと来ないのではないかと思う。科学報道に長年携わってきた私も、恥ずかしながら数年前まで知らなかった。

　古井貞熙先生はその2代目学長となり、米国の大学経営を担う重責を見事に果たされた。その中で日米の大学のあまりにも大きな違いを実感し、同時に日本の大学教育に対する危機感を募らせた。その体験と思いを書き溜めた原稿を、朝日新聞が運営するウェブ言論サイト『論座』編集者の私のもとに送ってくださったのは 2016 年 7 月のことだった。これは多くの読者に読んでもらいたいと判断した私は、論座の筆者になっていただくようお願いし、その年の 8 月から 2020 年 1 月まで随時ご寄稿いただいた。

　これらを下敷きとして、さらに多くのエピソードを加えてまとめられたのが本書である。学長に選ばれるまで、そして就任してからのさまざまな出来事が率直に語られ、古井先生が感じられた「日米の大学のあまりにも大きな違い」を読者も追体験できる。

　「日本で仕事の生産性を下げている要因の一つに『ちゃぶ台返し』や『ツルの一声』でそれまでの努力が根底からひっくり返されるということがあるが、少なくとも筆者が見る限りアメリカの社会ではそれがない」とか、「アメリカの社会における評価のプロセスでは truthfulness（誠実、正直）、honesty（正直）、transparency（透明性）、fairness（公正、公平）が極めて重視されており、わかりやすい。評価の仕組みがよく機能しているところが日本と大きく異なっている。日本式の形を繕おうとする姿勢はなじまない。日本の大学における（多くの）評価は極めて形式的で、茶番劇と言わざるを得ない」といった直

言があちこちにあり、さらにトヨタ関係者との軋轢も隠すことなく書かれている。そしてそれはトヨタに限らず、多くの日本の大企業に共通する問題点であることに読者は容易に気づく。

　私が古井先生と知り合ったのは、実は取材がきっかけではなかった。科学ジャーナリストの国際活動への寄付をお願いするために日本科学技術ジャーナリスト会議（JASTJ）の仲間と一緒に東工大を訪れたときが初対面だった。2015年にソウルで科学ジャーナリスト世界会議が開かれることが決まっていて、韓国まで来る科学ジャーナリストのうち30人ほどを会議終了後に日本取材ツアーに招待したいと私たちは計画した。古井先生はその意義を即座に理解してくださり、関係していた財団からの寄付を取り付けてくださった。

　何のご縁もなかったJASTJの国際活動を、どうしてこんなにスムーズに支援してくださるのか、ありがたくも不思議に思っていたが、本書の最終章「筆者の生い立ちと経歴」を読んで疑問が氷解した。日本が戦争で犯した罪について深く考えずにはいられない環境に育ち、対立関係にあった国々そして人々との和解を目指して自ら率先して行動されてきた方なのだ。だからこそ、私たちのささやかな国際活動にも支援を惜しまなかったのだ。

　本書は、日本の知性と良心を代表する一人による体験に基づく大学論および日本論である。大学改革の旗が振られ、さまざまな実践もされながら、根本的な改善につながらないのは何故か。そこには日本社会全体の課題が横たわっており、ひとり大学だけの問題ではないことを描き出す。日本の未来を考える多くの方に読んでいただきたいと思う。

高　橋　真　理　子

まえがき

　世界の大学ランキングのトップのほとんどがアメリカの大学によって占められ、日本の大学のランキングは下降の一途をたどっている。2015年には東京大学がシンガポールの大学に抜かれてしまった。アメリカの科学技術をリードするエリートは、トップレベルの大学の博士課程によって極めて厳しく鍛えられている。アメリカの科学技術のかなりの部分が、その博士課程の学生と指導教員の研究によって推進されている。アメリカに比べて日本の博士課程教育は極めて貧弱である。日本の大学にも優れた教員やしっかりした教育を行っている教員がいるが、組織として教育の質を保証する形になっていない。これが日本の大学ランキング低下の主たる原因である。

　このままほっておくと日本の大学の地位はますます下がって、世界から取り残されてしまうであろう。この現象は筆者の専門分野であるコンピュータサイエンスでは極めて顕著で、アメリカから見ていると日本の大学の存在感は極めて小さい。残念ながら日本の大学、政治家、役人には、このような現象に対する危機感が極めて乏しい。アメリカで発見・発明された最新技術についてすぐに勉強して、日本語での解説や教科書を書く日本の大学教員はいるが、その世界的競争に積極的に参加し、トップに立とうとする教員は極めて少ない。アメリカの大学の博士課程でどのように教育が行われているかについて知っている日本人教員はほとんどいないように思われる。かく言う筆者も、アメリカの大学や研究機関で研究者として滞在した経験はあっても大学運営に関わったことはなかったので、実際にアメリカの大学の学長を務めるようになって初めて沢山のことを学んだ。

　本書では、日本の大学の現状を変え、その地位を少しでも向上させるために

役に立ってくれることを願って、筆者がアメリカで大学の学長を務めながら、日々実際に経験したこと、学んだこと、奮闘してきたことを書く。まず、筆者がどのようにしてアメリカのシカゴにある大学の学長を引き受けることになったか、どのようにしてその仕事と生活を始めたかを書き、組織運営を中心に、アメリカの大学が日本の大学とどう違うかを述べる。その中で特に、アメリカにおいて如何に評価制度が社会システムとして定着し、機能しているかを述べる。次に、それらの背景となっているシカゴおよび広くアメリカの文化と生活について紹介する

　その後、これからの日本の大学教育のあり方について書き、さらに日本で急務とされているグローバルリーダーの育成について述べる。最後に、これから迎える人工知能（AI）の時代を俯瞰し、予想される人間社会への影響、その中での人間のリーダーの役割とあるべき姿について述べる。

　以上の筆者の実体験やそれに基づく考えを、日本の大学教員、教育関係者および社会のリーダーに知っていただき、結果として日本の将来を担ってもらうエリートの教育へ何らかの形で貢献できればと願っている。少数のエリートが多数の一般人を強力に引っ張っているアメリカの社会と、誰が引っ張っているかわからない日本の社会とは大きく異なるので、アメリカのやり方をそのまま日本に導入することはできないし、日本の大学教育の仕組みを変えるのが極めて難しいことは自らの体験としてわかっているが、グローバル化からは逃げられないこれからの日本の社会の発展のために、ここに書いたことが少しでも役に立ってくれればと思う。

　2021 年 1 月

古　井　貞　熙

目　　次

序章

シカゴへ：TTIC（Toyota Technological Institute at Chicago）学長に就任

〈講演依頼のメールから採用決定まで〉

　筆者は 2011 年 3 月に東京工業大学（以下、東工大）の教授を定年退職し名誉教授になった。専門領域はコンピュータによる音声認識を中心とするマルチメディア情報処理である。大学では研究・教育のほか、学科長、研究科長、附属図書館長なども経験させてもらった。定年退職後は悠々自適でもよいと思っていたが、継続して東工大の「グローバルリーダー教育院（AGL：Academy for Global Leadership）」での博士課程学生の「グローバル化」教育を依頼され、特任教授として勤務を続けることになった。このグローバルリーダー教育院については後で述べるが、2011 年から文部科学省（以下，文科省）が時限で始めた公募型の博士課程教育プログラムである。

　この博士課程教育を担当してから約 1 年経っていた 2012 年 4 月に、アメリカにある TTIC（Toyota Technological Institute at Chicago、日本語名：豊田工業大学シカゴ校、以下、TTIC）の Chief Academic Officer（主任教授）の David McAllester 教授からメールがあり、旅費を負担するのでシカゴ大学、イリノイ大学および TTIC で学術講演をしてほしいという依頼を受けた。この種の講演依頼はよくあり、機械学習（人工知能（AI））分野で最近躍進著しい TTIC にはまだ行ったことがなかったので、6 月に予定を調整して行くことを約束した。そうして準備をしていたら、5 月末にシカゴ大学の Fefferman 学部長の秘書から、Fefferman 教授が電話をしたいとのメールを受け取った。日程調整をして自宅で電話を受けたら、TTIC の学長選考委員長を務めていて、TTIC の学長になってくれる可能性があったら、6 月に来る機会にインタビュー（面接）させてほしいとのことであった。要するに、それが目的で私を招待したのであった。

　TTIC は、シカゴ大学と豊田工業大学（豊田工大、以下、TTIJ）のコンピュータサイエンス分野強化のために、シカゴ大学とトヨタ自動車および TTIJ が連携して作った博士課程のみの大学院大学である。トヨタ自動車の中では社会貢献として位置づけられている。トヨタ自動車および TTIJ からの基金（寄付）に 100% 依存する形で、2003 年 9 月に独立大学院大学として開学した。シカゴのダウンタウンの南 11 km のハイドパークにあるシカゴ大学のキャンパス内にある。コンピュータサイエンスの "world-class research and education" をミッションとしている。特に機械学習（machine learning）（AI）を中心とする教育と研究に力を入れており、その分野ではすでに国際的に知られている。

　永澤満氏（元豊田工大学長）が 2001 年 10 月から 2010 年 9 月まで、豊田工大の学長と併任する形で TTIC の初代学長を務めた後、2010 年 10 月からシカゴ大学の Stuart Rice 教授（元 Physical Sciences 学部長）が暫定学長を務め、その間に学長選考が進められていた。候補者の条件として、トヨタ自動車の関係者とのコミュニケーションができ、アメリカでコンピュータサイエンスの研究者として知名度が高く、大学でのマネジメントの実績がある人を探していたが、なかなか適切な人が見つからなかった。日本の関係者（トヨタと豊田工大の関係者）が選んだ日本の大学教授の候補者が、研究者としての知名度の点からアメリカの教員に受け入れられず、その後、TTIC の教員と理事が筆者を候補者として選んだ。

　TTIC のことは国際会議などを通じて知っていたが、学長を探しているとは知らなかった。期待に応えられるかどうか自信がなかったが、そういう場合はこれまでいつもチャレンジ精神で引き受け何とかなってきたのと、アメリカで仕事をしてみたい思いは 20 年前からあったので、検討させてほしいと返事した。アメリカの大学、特に大学院でどのように高等教育が行われているのか、アメリカでどうやってエリートが教育されているのか興味があり、それを本当に知るには実際に自分でやってみるのが一番という気がした。さらに、この経験が、日本の大学を発展させる上で役に立つのなら嬉しいと思った。これまでにやってきた種々の仕事とは違う形で国際貢献ができるなら、是非やってみたいという意識も大きかった。

　上記の講演依頼メールを受け取る前の年に、不正経理などで揺れた東工大の学長選挙の本選に残った3人の候補者（いずれも教員）の一人となっていたが、教職員による投票の得票数では3番目であった。他の2人は東工大の卒業生で、私は東大卒のよそ者であったことも、私の得票が伸びなかった理由の一つだったかもしれない。報道されたように、その上位2人は選挙後に不正経理が発覚して、学長には選ばれないことになった。私だけがクリーンな候補として残ったが、学長選考委員会（東工大同窓会が牛耳っていた）としては私を選ぶことはせず、再選挙をすることになった。再選挙でも推薦してくださる方々があったが、いろいろ不明朗なことがあり、そうこうしているうちにTTICからの学長候補者への打診を受けたので、日本の大学よりアメリカの大学の方が面白そうに思い、東工大の学長選挙の方は推薦を辞退した。

　2012年の6月の朝、シカゴに着いて、まず用意された市内のホテルへ向かった。普通はホテルのチェックインは午後にならないとできないが、到着時刻がわかっているのでチェックインできるように手配してあった。その日の午後からインタビューを受けることになったので、その前にアメリカの大学および学会で活躍している永年の親友の台湾人の教授2人（Fred Juang、Ray Liu）にメールをして、今回のオファーについてどう思うか打診したところ、いずれからも国際交流の増進に良いことなので前向きに考えるべきとの助言をもらった。

　午後から次の日にかけて、TTICおよびシカゴ大学でFefferman教授、McAllester教授、Rice暫定学長を含め、次々に多数の人からインタビューを受けた。前述のように、東工大を定年退職した2011年からグローバルリーダー教育院（AGL）での博士課程学生の教育を担当しており、担当している学生の指導を急にやめることはできないので、毎月1週間シカゴのTTICに滞在し、それ以外の3週間は東京にいて電話会議やメールで学長の仕事をすることであれば可能と回答した。その後、予定していたTTIC（およびシカゴ大学）とイリノイ大学での学術講演を行い、アメリカ滞在3日間で日本に帰った。帰国後、東工大のAGL教育院長に、毎月3週間AGLで学生の教育をし、1週間シカゴで仕事することになる可能性を伝え、了承を得た。

　その後、1か月くらいして、東工大に豊田工大の榊学長、瀧本理事長などが TTIC の理事として来られ、インタビューを受けた。さらに、6月にシカゴで会うことができなかった学長選考委員（理事）の一人、Lane 教授（ライス大学、元 NSF 理事、元クリントン大統領の科学技術補佐官）から Skype でのインタビューを受けた。

　9月末に再度要請があって TTIC を訪問し、Fefferman 教授、McAllester 教授、Rice 暫定学長のほか、すべての教員と1対1でインタビューを行った。Lane 教授とも電話で再度インタビューを行った。

　その後、TTIC の学長選考委員会で選考プロセスが進行し、東工大に豊田工大の榊学長、柏原常務理事などが来られて採用条件などの説明があった。そしてトヨタの東京本社で、トヨタのトップである豊田章一郎名誉会長のインタビューを受け、これが実質的な採用決定となった。正式には 2013 年 3 月に TTIC の臨時理事会がメール審議（書面）で開かれ、これで採用決定となった。正式決定の前に、実質的な決定がなされた段階で、アメリカで働くためのビザ（専門（特殊）技能者 "Professional" 用 H-1B ビザ）*を申請し、取得した。

＊非移民ビザには①商用ビザ・観光ビザ（B-1/B-2）、②就労ビザ（L-1（転勤者用）、H-1B（専門職用）、H-2B（一時的業務用））、③駐在員ビザ（E-1/E-2）、④研修・トレーニービザ（J-1/H-3）、⑤アーティストビザ（O-1）、⑥スポーツ・芸能・文化交流ビザ（P-1/P-2/P-3）、⑦学生・留学ビザ（F-1/M-1）がある。

第 I 部

TTIC の教育・経営とアメリカの高等教育環境

第 1 章　TTIC の学長の仕事

〈TTIC の概要〉

TTIC はシカゴ大学のキャンパスの中にあり、シカゴ大学のコンピュータサイエンス専攻と授業の相互乗り入れを行っている。機械学習など TTIC の教員が得意とする分野の講義は TTIC の学生だけでなく、シカゴ大学の学生でも参加することができ、コンピュータアーキテクチャなど TTIC の教員がカバーできない講義については、シカゴ大学の講義を TTIC の学生も受講することができる。こうして、学生は自分が所属する大学だけでなく、TTIC の学生はシカゴ大学の授業を、シカゴ大学の学生は TTIC の授業を受けて単位を取得することができる。例えば、TTIC の教員が行っている「機械学習入門」の講義は 100 名以上の受講者がいるが、その 95% がシカゴ大学の学生で、コンピュータサイエンスだけでなく、ビジネススクールを含めていろいろな専門の学生が受講している。

講義だけでなく、シカゴ大学のコンピュータサイエンスの博士課程に在籍する学生の一部は、TTIC に常駐して TTIC の教員から研究指導を受け、RA（Research Assistant）としての金銭的サポートを受けている。TTIC のシカゴ大学への貢献は大きい。

一方、TTIC はシカゴ大学が所有する建物（図 1.1）の 2 フロア（4 階と 5 階）を有償（かなり高額）で借りているほか、TTIC の構成員はシカゴ大学のネットワーク、図書館、カフェテリア、運動施設、キャンパス内のバス、International House（ビジターの宿泊施設、後述）などを使うことができ、保険制度、特許申請などでシカゴ大学から多面的な協力を得ている。

Chief Academic Officer（CAO）（主任教授）を Dr. David McAllester（教授）が創立時から約 15 年務め、後述するように 2017 年に新たに採用した教授

図 1.1　TTIC が借りているシカゴ大学の建物

に交代した。教員体制は tenure および tenure-track 教員* 計 16 名体制（内訳として tenure は 12 名が上限だったが、筆者の在任中に 16 名に拡大し、理事会で承認された）が目標になっている。アメリカの他の大学と同様に、Full Professor と Associate Professor が tenure である。

　筆者が学長に就任した 2013 年時点は tenure および tenure-track 教員 9 名（Full Professor 1 名、Associate Professor 3 名、Assistance Professor（tenure-track）5 名）であったが、2014 年 6 月には Assistant Professor 1 名がトロント大学へ引き抜かれてしまったため 8 名になり、その後、教員の新たな採用や昇格で、2019 年には Full Professor 7 名、Associate Professor 3 名、As-

---

*（tenure および tenure-track について）
　tenure は大学等の教員の終身雇用資格。tenure-track は若手研究者等に対し任期を定め採用し、適格であれば専任教員として終身雇用する制度または資格。

sistant Professor 2 名の 12 名体制になった。これらの教員が授業を担当し、シカゴ大学の学生にも教えているため、シカゴ大学のコンピュータサイエンス専攻の Adjoint Faculty（併任教員）になっている。

　他に Research Assistant Professor 14 名（上限）が在籍している。日本でいうポスドクのようなポジションで、学生の教育負担はなく、研究のみに従事している。任期は 3 年で更新はない。厳しい審査に合格したトップレベルの研究者しか採用しないので、2 年余りで他の大学や Google などの企業の研究所からポジションのオファーを得て移って行く人が多い。TTIC は 2023 年までに、tenure および tenure-track 教員と Research Assistant Professor を合わせて30 名体制にすることを目標にしている。

　さらに、シカゴ大学や比較的近くのイリノイ大学、ウィスコンシン大学などの教授 10 名が、TTIC の Adjoint Professor（併任教授）となっている。しばらく Full Professor が 1 名しかいなかった TTIC にとって、これらの経験豊富で著名な Adjoint Professor が教員会議や教員の昇進のための審査に出席して、大所高所から意見を言ってくれるのは貴重であった。

　TTIC の教員のすべてが、アメリカを中心とする世界トップレベルの大学（MIT、プリンストン大学、カリフォルニア大学、カーネギーメロン大学など）で学位を取得して来ている。教員の出身国は、アメリカ、イスラエル、ロシア、中国、インドなどで、人種的にはユダヤ人が半分以上を占めている。アメリカの学術界でのユダヤ人の存在は極めて大きく、中国人留学生が急増する前にはアメリカ全体の博士の 70% がユダヤ人と言われていた。アメリカのノーベル賞の科学・経済関係受賞者の 40% をユダヤ人が占めている。

　現在、世界には約 1,400 万人のユダヤ人がいると言われており、そのうち600 万人超がイスラエルに、同じく約 600 万人超がアメリカに住んでいる。アメリカのユダヤ人は全人口の 2% 程度に過ぎず、マイノリティーであることを考えると、ユダヤ人の学術界での活躍がいかに突出しているかがわかる。なお、アメリカのユダヤ人の約 20% がニューヨーク市とその近郊に住んでおり、アメリカのユダヤ社会の中心となっている。

　TTIC にはイスラエルと敵対しているイランから来ている Research Assistant Professor や学生もおり、ビザの制約のためアメリカから外に出ることができないなど気の毒な状況に置かれているが、大学の中では他の教員や学生と全く区別なく、共同研究や勉学に励んでいる。

　2020 年現在、アメリカでは機械学習あるいは AI（人工知能）の研究者や技術者の社会的需要が極めて大きく、優秀な人材が決定的に不足しているため、Google、Microsoft、Facebook などの企業や大学間での取り合いが激しい。TTIC のような小さな大学は採用競争にさらされると不利で、応募者は極めて多い（毎年 200〜300 名）が世界の（アメリカの）トップレベルの候補者しか採用しないため、2012〜2013 年の間、tenure および tenure-track の教員の採用ができていなかった。2014 年にやっと、MIT で学位をとってラトガーズ（Rutgers）大学で働いていたロボット工学の教員を tenure-track assistant professor として採用することに成功し、2015 年にカーネギーメロン大学（CMU）で学位をとって TTIC で Research Assistant Professor を務めていた NLP（自然言語処理）の教員を tenure-track assistant professor として採用した。

　創立以来、Full Professor が David McAllester だけで、ずっと CAO を務めていたため、2016 年に新たに CAO を公募することにした。シカゴ大学のコンピュータサイエンスの学科長の採用で実績を示した search firm（会社）を使って、5 月に採用活動を始めた。会社が集めた候補者リストから、教員の一部で構成する選考委員会によって絞り込みを行い、残った候補者について多数の関係者から評価意見を集め、それによってさらに絞り込みを行った。そこで残った候補者に対して面接を行い、カーネギーメロン大学で機械学習の理論に関する研究・教育を行っていた著名な Avrim Blum 教授を最終候補者に選んだ。採用活動を始めてから約 1 年後となる 2017 年 4 月の理事会で了承を得たのち、給料などの条件を提示して交渉を行い、4 月上旬に本人から受諾の返事を受理し、8 月 1 日に着任した。

　アメリカの大学では tenure になれるかどうかが最も重要で、tenure になれば教授まで昇進するのが前提で、クビになることはない。「学問の自由」を守

るための教員の身分保障である。tenure になるためには所定の条件を満たした上で、何段階もの厳しい審査（Senior Faculty 会議、EAC（External Advisory Committee）会議および学長諮問による理事会の委員会）があり、最終的に理事会の承認が必要である。

　TTIC では Tenure-track Assistant Professor は 3 年任期で 2 期までとなっており、基本的に 6 年目に Tenure Associate Professor に昇格させるか否かの審査が行われる。次に Full Professor に昇格させるか否かの審査は、採用後 12 年目あるいは tenure に昇格後 6 年目のどちらか早い時期に行われる。

　アメリカの大学には日本の大学のような研究室制度がないので、Assistant Professor でも上位の Full Professor や Associate Professor からは独立で、それらの人たちの手伝いや研究室の雑用をやらされることはなく、自立して学生を持ち、研究指導を行っている。教授会で求められる発言や新たな学生の合否判定、大学内での委員会などの種々の役割も、上位の教員と基本的に同じである。

〈シカゴ大学〉

　TTIC が連携しているシカゴ大学は、国際的な大学ランキングにおいて世界トップレベルに位置する大学の一つで、大学院生 10,000 人、学部生 6,000 人、教員（full-time）2,300 人、事務職員 15,000 人（病院を含む、病院を除くと多分 11,000 人くらい）を有している。約 80 億ドル（約 9,000 億円）の基金を保有し、広大な美しいキャンパスを有している（図 1.2）。キャンパスの中央に美しい建物に囲まれた「Quadrangle」（一般に大学などの建物に囲まれた中庭をこのように呼ぶ）があって、木々や草花が植えられており、学位授与式（卒業式、Commencement）はここにステージを設置し、折りたたみ椅子をたくさん並べて行われる。普段は学生や教員の憩いの場になっている。日本の大学のように建物の壁にビラを貼ったりする学生はいない。

　多数の大学関係者がノーベル賞を受賞しており、経済学や物理学を中心に 91 名もいる。原爆を開発したフェルミや南部陽一郎氏、小柴昌俊氏など日本人のノーベル賞受賞者も含まれている。シカゴ大学の最初の博士は神学を学ん

図 1.2　シカゴ大学のキャンパスの上空からシカゴの摩天楼とミシガン湖

でいた日本人であった。2012〜2018 年には、がんワクチン研究で有名な中村
祐輔教授が、理化学研究所から研究員を引き連れて移ってきて研究グループを
統括していた。学費が一人年間 500〜600 万円くらいで、他のアメリカの大学
と同様にすごく高い。

　オバマ元大統領は元々シカゴ大学ロースクールで憲法学を教えていた教員
で、大統領在職中を含め現在も休職中である。夫人も大学病院の副院長をして
いた。オバマ大統領の自宅がシカゴ大学のキャンパスに隣接してあるが、厳重
な警備が敷かれていて近づくことはできない。アメリカの歴代大統領は任期を
終えた後、図書館を作る習慣があり、オバマ大統領を記念する図書館もシカゴ
大学の近くにできることが決まっている。

　Booth School of Business は 1898 年に創立されたシカゴ大学の経営大学院
で、全米最古のビジネススクールの 1 つである。5 人のノーベル経済学賞受賞
者が教鞭を執っており、トップ校の中でもアカデミックな校風で知られてい

る。ミッションは「永続的なインパクトを与える知識を創造すること。現在・未来のリーダーに影響を与え、教育すること」である。この建物の 1 階に比較的大きなカフェテリアがあり、TTIC から一番近いカフェテリアだったのでよく使っていたが、2019 年に TTIC のすぐ近くの建物が、国際政策論の大学院として改修されて、小さなカフェテリアができたのでそれも使えるようになった。

　エジプトなど古代オリエント文明の豊富なコレクションを有する Oriental Institute Museum（入場料無料）、旧帝国ホテルやグッゲンハイム美術館の設計者 Frank Lloyd Wright が設計した Robie House（2019 年に世界遺産に登録された）などがキャンパス内にある（図 1.3）。シカゴ大学はロックフェラー財閥の寄付によって始まった大学なので、それを記念した Rockefeller Memorial Chapel があり、世界で 2 番目に大きい組み鐘（鐘の集合 carillon）がある。carillon とその演奏室が入っている塔に昇るツアーがあり、そのてっぺんからはキャンパスおよびその周辺の素晴らしい景色を楽しむことができる。ちなみに世界最大の carillon は、やはりロックフェラーが作ったニューヨークの教会にある。

　ゲストハウスとして International House があり、500 人近くが泊まることができて、これまでに世界中からの 4 万人以上が泊まっている。常に世界各国からの留学生や研究者が泊まっていたが、最近、学生寮の改築のために International House が学生寮に転用されてしまったため、外部の人は泊まれなくなっている。ただし現在でも、利用者どうしのイベントのほか、毎週、音楽会、講演会など、外部に公開された様々な国際的なイベントが行われている。筆者も、ここで種々の音楽会などを楽しむことができた。

　キャンパスより南は治安が悪いが、キャンパス内はシカゴ大学警察が守っていて、要所にガードマンが沢山立っており（極寒の冬は可哀そう）、パトカーが巡回している。安全ということになっているが、夜の一人歩きは避けた方がよい。

〈毎月シカゴと東京を往復して仕事をする生活〉
　上記のように、2013 年 4 月下旬から学長としてシカゴに滞在することに

図 1.3　シカゴ大学内のいろいろな建物

なった。原則として毎月 1 週間 TTIC に滞在し、残りの 3 週間は東工大で働くことになった。1 週間と 3 週間をそれぞれ東京とシカゴでフルに働くとすると、平日を移動に使えないので、基本的に週末に東京・シカゴ間を移動することにした。日曜日の朝 11：00 頃 JL 010 便で成田を発つと、同日の 8：00（冬時間）あるいは 9：00（夏時間）頃にシカゴオヘア（O' Hare）空港に着く。

帰りは、土曜日の 11：00（冬時間）あるいは 12：30（夏時間）に JL009 便でシカゴを発ち、翌日の日曜日の 15：00（冬時間）あるいは 15：30（夏時間）に成田に着く。アラスカ〜カナダ上空を飛行するので、真冬のシカゴ行フライトだと窓からオーロラが見えることが時々あり、時々刻々形や色が変化して美しい。見えるときに CA が直接教えてくれる。最もよく見えたときは、北極方面の地平線から飛行機の真上まで、薄い黄緑色の巨大なカーテンがゆっくり揺れているように見えて素晴らしかった。

☕coffee break　飛行機のいろいろなこと

　JAL は定時運行で世界トップらしいが、毎月使っていると時々やむを得ない理由で大幅に遅れることがある。2016 年の 2 月にはシカゴ空港で、飛行機と牽引車を接続する部分が破損し応急手当てをしたが、飛行機の製造元のボーイング社の許可がなかなか得られなくて、出発が 3 時間半も遅れた。JAL のパイロットをしていた友人に後から聞いたら、牽引車といってもただ飛行機を押したり引っ張ったりしているわけではなく、前輪の向きを変えて飛行機の動く方向を制御しているので、簡単に代わりの車を見つけてきたり、単につなげればよいというものではないらしい。その翌月の 3 月には再びシカゴからの出発便が 3 時間遅れた。乗ることになっていた飛行機が東京からシカゴへ飛んできたときに、機内で乗客の一人が亡くなってしまったので、医師による死亡の確認、機内でのいろいろな処置、遺体の搬出、様々な手続き（乗った乗客の数と降りた乗客の数が異なるため）などで時間がかかるとのことであった。

　シカゴ空港は国際便の到着がターミナル 5 と決まっていて、そこに入国管理、税関などがあるので、日本からの飛行機は必ずターミナル 5 に着く。ところが出発は、JAL なら同じグループのアメリカン航空、ANA ならユナイテッド航空と同じターミナルから出発しないと乗り継ぎ客に不便なので、JAL の出発はターミナル 3、ANA の出発はターミナル 1 である。シカゴに到着して乗客を降ろしてから、出発のターミナルまで飛行機を移動させなければならないが、このターミナル間は飛行機の移動としては結構距離があるので、一回エンジンをかけて移動しなければならず、シ

カゴで折り返す飛行機でも時間のロスを生ずる。

〈東工大を退職し，TTIC の仕事へ〉

　毎月の、日本に滞在していた 3 週間は、毎週、月曜日の 22 時（夏時間では 21 時）から CAO と、木曜日の 23 時（夏時間では 22 時）から主要事務職員と Skype 会議を行っていた。日本にいる間も、東工大のグローバルリーダー教育院（AGL）の道場や、研究室、国際学会、財団、マイクロソフト、JSPS（日本学術振興会）など沢山の会議や交流があるため、毎週、この時間までに（アルコールを飲まずに）帰宅しなければならないのはちょっと不便であった。その他に毎日メールで、さらに時々 Skype や電話で打ち合わせをしていた。

　国際会議や外国の大学での講義・講演などの出張もあるため、移動時間の節約上、複数の外国出張をつなげることにした。例えば、ヨーロッパ、インドなどでの国際会議とつなげる場合は、日本→ヨーロッパ→シカゴ→日本あるいは日本→シカゴ→インド→日本のように世界一周することになる。世界一周切符（ビジネスクラス）は日本・シカゴ往復と同程度の金額で買えるので、別々に行くより節約になり利用価値がある。

　その後、TTIC の教職員から TTIC での滞在を長くしてほしいとの希望が強くなったため、2015 年の 3 月末で東工大を退職して、グローバルリーダー教育院での「道場主」の仕事を後進に譲り、TTIC での仕事に集中することにした。毎月、2 週間をシカゴで過ごし、それ以外は東京の自宅で過ごすか国際会議などの出張に充てることになった。平日を移動に使えるようになり、平日のフライトの方が休日のフライトより安いので、基本的に平日に移動するようになった。毎週火曜日に教員会議を行うので、火曜日の午前に成田を発って、火曜日の朝シカゴに着き、アパートにスーツケースなどを置いて、TTIC で教員会議に出席することにした。それから 1 週間後と 2 週間後の火曜日の計 3 回の教員会議への出席を含めて、2 週間と 1 日、TTIC で仕事をし、シカゴ到着から 2 週間後の水曜日のシカゴ発のフライトで、木曜日の午後に成田に帰るというスケジュールを基本とすることにした。

　その頃には TTIC での仕事にかなり慣れてきたので、日本滞在中の定期的な Skype 会議は減らし、日々のメールのやり取りと、必要に応じて電話での

コミュニケーションをとることでスムースに仕事ができるようになった。

☕coffee break　時差への対応

　2週間ごとに東京～シカゴ、シカゴ～東京を移動する生活がよくできると感心してくださる方が多い。飛行機に乗っている間は映画を見たり、本を読んだり、仕事をしたり、寝たり、食事をしたりする。最近は、飛行機の中でも人工衛星を用いたインターネット接続ができるようになり、接続できない区間や、接続に時間がかかっていらいらすることもあるが、着陸するまで連絡ができなくて困ることはなくなった。シカゴの時刻は東京よりも夏は14時間、冬は15時間遅れているので、おおざっぱに言えば昼と夜が逆転している。この時差に完全に対応するのは誰にとっても簡単ではないと思うが、筆者は飛行機に乗ったらすぐに到着地の時刻に時計を修正し、その時刻（夜）に意識を変え、最初の食事が終わったらワインを飲んで寝る。寝すぎると到着後に寝れなくなり、むしろ睡眠不足でも筆者はあまり問題ないので、飛行機の中では2時間程度の睡眠にとどめるようにしていた。

　飛行機がシカゴあるいは東京に到着したら、その日はできるだけ忙しく過ごして、そこでの就寝時刻になるまで頑張って起きているようにしている。シカゴには朝到着し、Uberタクシーでアパートに行くが、なるべく運転手との会話を楽しんで寝ないようにする。アパートに着いてスーツケースから荷物を出し生活できるようにしてから大学に行き、教授会、打ち合わせなどをしてから少し早めに帰ってスーパーマーケットに食料の買い出しに行く。帰ってからシャワーをしてさっぱりし、簡単な調理をして夕食を済ませ、コーヒーや紅茶を飲んだり好きな音楽を聴いたりして睡魔に耐え、就寝時刻になったら常備しているウィスキーを水割りでぐっと飲んでどっと寝る。それでも朝4時ごろに目が覚めることがあるが、少なくとも5時くらいまでは寝ているようにしている。5～6時くらいに起きて朝食を済ませ、大学に出勤する。これを数日続けると時差に対応できるようになる。

　よく言われるように、国際線で東に飛ぶよりも西に飛ぶ方が体への時差

の影響が少ない。西に飛ぶ方が時間が延びることになり、人間の体内時計がどちらかというと 24 時間より長めのためらしい。筆者もシカゴに行くときよりも東京に戻るときの方が、東京到着時刻が夕方になるということもあって、時差の影響は少ない。その日だけ遅くまで頑張って起きていれば、翌日以降はほとんど問題がない。

　大学での難しい問題に直面していろいろ考えていると、ウィスキーだけでは寝られなくなることもあるので、そういう時はメラトニンを服用することもある。メラトニンは副作用はないと言われており、アメリカのドラッグストアで容易に入手することができるが、薬はできるだけ飲みたくないので可能な限り服用しないようにしていた。

　筆者は幸い比較的丈夫な体質なので、シカゴ滞在中に歯医者を含め医者にかかることが必要になることはなかった。ちょっと風邪気味かなと思ったら、ミシガン湖沿いをジョギングすることで治った。アメリカでは日本と違って予約なしで医者にかかるのが難しいので、医者にかかる必要がなかったのは幸いであった。丈夫に育ててくれた母と、食事のバランスを考えてくれている家内に感謝しなければならない。

〈最初の理事会など〉

　学長として初めてシカゴに到着した 2013 年 4 月 21 日（日）に話を戻す。朝シカゴに到着し、夕方から TTIC で翌日の理事会の進行に関する打合せを行った。その後、シカゴのダウンタウンのレストランで、前泊でシカゴに来ている理事の方々とディナーを行った。2013〜2014 年はアメリカ人の理事で理事会の前日から来る理事がいなかったので日本側の理事だけでのディナーだったが、2015 年に就任した新しいアメリカ人の理事（カリフォルニア大学の教授）が理事会の前日にシカゴに来られることになったのでディナーに含めることになった。

　翌 4 月 22 日（月）のランチから理事が大学に集まり、午後 1 時から理事会を行った。事前に知らされていたが、理事長が体調不良で欠席で、理事長不在の場合は学長が議長をする規則になっているためいきなり議長をさせられた。なんとか無事に終わってよかったが、これは理事会での進行が事前に決められ

た（根回しされた）内容で行われるという極めて日本式の理事会を行っていたためで、アメリカの文化からすれば異常と言える。その後、何回かの理事会を行ううちに、理事会中に積極的に議論をするように変えていくことにした。理事会が終わった後の夜は、市内で理事会メンバーのディナーがあった。

　最初の理事会の翌日、TTICで新学長の歓迎レセプションが行われた。それから数日をかけて、学長就任の挨拶回りとして日本の総領事、シカゴ大学長、シカゴ大の理学部長（シカゴ大は工学部がなく、コンピュータサイエンスは理学部に属している）、コンピュータサイエンス学科長、HLC（高等教育委員会）などを訪問した。

　理事会の数日後に豊田章一郎・トヨタ名誉会長ご夫妻の来訪があった。コーポレートジェット機で日本から飛んでこられ、付き人多数と屈強な2人のボディガードを伴っていてびっくりした。

　新学長の着任に合わせて、"TTIC Speech & Language Days"ワークショップが2日間開かれた。これらを含めて2週間TTICに滞在した。

☕coffee break　諸手続きと生活のスタート

　シカゴでの仕事を始めるに当たり、まずシカゴ大学の施設の入構カードの作成、シカゴ大学のネットワークに接続するための手続き、銀行口座の開設とカードの発行（個人用、業務用）、携帯電話の取得など基本的な手続きを行った。

　アパート（日本でいうマンション）探しでは、TTICから徒歩圏内という私の希望に合わせて、あらかじめ職員が探しておいてくれたシカゴ大学が管理する3つの物件を訪問した。その結果、シカゴ大学のキャンパスにある教員用の古いが立派な13階建てのアパートの10階の1ユニットを借りることになった。Cloisters（修道院）と呼ばれる建物で、入口近くにヨーロッパの修道院のような中庭がある。建物の入口に管理人（女性3人が時間によって交代）が常駐しているので安全である。借りることにしたユニットは寝室や浴室が2つずつあり、122 m^{2}もあって広すぎるが、これより小さいものはないのでやむを得ない。洗濯は地下室あるいは1階に設置されているコインランドリーを使うのがアメリカのアパートの標準と

いうことであった。洗濯機と乾燥機の料金はそれぞれ 1 回 1 ドル 50 セントで、それを払うために quarter（25 セント）コインを沢山用意しておく必要があったが、2015 年からクレジットカードで使えるようになった。

　アパートの部屋から西側にシカゴ大学のキャンパスが見下ろせ、東側にミシガン湖が見えてとても眺めが良い。アパートの向かいにシカゴ大学の附属学校（Laboratory School）のテニスコートが 5 面あり、いつでも使えるのが嬉しい。家具付きのアパートではないので、家具など生活に必要な基本的なものは TTIC で用意してもらった。TTIC まで徒歩 10 分、電車の駅まで 7 分と便利で、シカゴの街まで 30 分以内でいくことができる。ハイドパークの商業地域まで徒歩で 15 分くらいなので、生活をするのに車は不要なため持たないことにした（図 1.4）。

　2019 年の 1 月に、上記の徒歩 15 分くらいのところにあった大きなスーパーマーケットが閉

図 1.4　パン屋さん

店してしまった。アメリカでは店舗の入れ替わりが激しい。このため最も近いスーパーマーケットまで 25〜30 分くらい歩かなければならなくなった。真冬の寒い時にこれだけ歩くのはかなり困難で、真冬でなくても購入した重い荷物を持って歩いて帰るのはかなり無理がある。そこで必要な時は Uber タクシーを使うことにした。

　アパートには基本的にシカゴ大学の教職員とその家族が住んでいるので、エレベーターの中で立ち話をしても楽しい。昔は世界でノーベル賞受賞者の密度が最も高いアパートだったという話である。こちらの人はノーベル賞受賞者でも特別扱いすることはないので、今でもこのアパートに受賞者が住んでいるかもしれない。

　最初の 2 年間は平日だけの滞在で、掃除・洗濯を自分でするのは難しいので、部屋の掃除とタオル、シーツなどの洗濯はお金を払ってプロに頼むことにした。その後、2 週間滞在することになったが、途中で 1 回、自分で洗濯をし、シカゴを発つ時の洗濯と掃除は同じ人に継続して頼むことにした。

〈TTIC の運営〉

● 給与および grant＊ について

　アメリカの大学では、教員の給料は大学および専攻（学部）の方針に従って学科長が決める。評価結果に基づいて毎年の昇給額が決められるので、教授の中で給料に 2 倍くらいの開きができるのは普通である。TTIC では CAO と学長が相談して決める。各教員の過去 1 年間の業績（研究、教育、外部資金（grant）獲得、大学や学術界への貢献など）、他大学の教員の給料の分布、シカゴ大学の教員の昇給率、インフレーションなどを考慮する。毎年 10 月に昇給するので、その前に評価を行う。教員が昇給の結果について不満足だと文句を言ってくることがあるので、それに耐えられるだけの根拠（データ）を持っていることが必要である。

　TTIC を含むアメリカの大学は、日本の大学、特に毎年予算が削減されている国立大学と比較するとゆったりした、やや贅沢なきれいな学習・研究環境を有しており、しっかりした教員へのサポート体制を持っている。教員の給料も日本の大学に比べて極めて高く、さらに需要と供給によって変動する。企業だけでなく大学間でも優秀な教員を引き抜くために、採用条件として高い給与や極めて大きなサポート（研究費、学生経費）が提示される。引く手あまたのコンピュータサイエンスの教員の給料は他の分野の教員よりも高い。

　アメリカの私立大学のコンピュータサイエンスの教員の給与は、2019 年時点で tenure-track assistant professor（助教）でも 10.5〜12 万ドル（1 ドル＝110 円として 1,155〜1,320 万円）が普通で、これは日本の教授の給料レベルに近く、日本の助教の給料の倍である。教授では人によって大きな開きがある

＊（grant）科学研究を支援することを目的とした補助金、寄付金。政府機関や民間の財団などから交付される。

が、平均で 17 万ドル（1,870 万円）くらいはもらっている。30 万ドル（3,300 万円）超えもめずらしくない。いずれも 9 か月の給料で、残り 3 か月は企業の コンサルタントや外部資金（grant）として得た研究費から給料を得ることが できるので、12 か月の給料はさらに高くなる。さらに子供の学費の補助など がある。学科長になると 9 か月給料で 18〜24 万ドルが普通で、業務上外部資 金を得ることが難しいので、さらに 2 か月分くらいの給料の追加がある。

　TTIC の教員は外部資金（grant）を獲得しなくても、TTIC からの研究費 （年間 3 万ドル）や設備で基本的な研究はできるが、教員の経歴として grant をどれだけ獲得しているかが昇格や転職で評価されるので、grant への応募と 獲得を奨励している。他大学の教員との共同研究の grant は仲間づくりという 意味でも価値が大きいので、特に奨励している。TTIC では年間総予算の 20％、教員 1 人当たり 18 万ドルを grant で得ることを目標としている。教員 は研究費の使い方に関して極めて真面目で、原則的に飛行機は国際線でもエコ ノミークラスしか認められない。日本の教員は JSPS（日本学術振興会）以外 の種々の研究資金でビジネスクラスを使うことができるので、この意味では日 本の教員の方がむしろ贅沢である。

　TTIC の教員が獲得する grant は、これまでの実績として NSF（全米科学 財団）からが圧倒的に多いが、バイオインフォマティクスなどでは NIH（国 立衛生研究所）からも多くの grant を得ている。最近では DARPA（国防高等 研究計画局）からもかなり高額の grant を得ている。日本の研究者には、基礎 研究であっても国防組織から研究資金を得ることに対するアレルギーが大きい が、アメリカの基礎研究の多くは歴史的に DARPA の研究資金によって支え られている。TTIC が受けている DARPA の grant はすべて研究成果が公表可 能な（non-classified）基礎研究であり、学術界や公共の利益に資することに なる。

● 博士課程の学生生活

　アメリカの一流大学の博士課程は学費を徴収せず、給料（stipend）を支給 するのが普通である。TTIC の学生は博士課程学生のみなので全員が学費免除 で、年間 3.6 万ドル（約 400 万円）の stipend が払われる。金額はシカゴ大学 に準拠している。しっかり勉強して、研究の成果を上げ、博士号を取得する見

込みがあれば継続できるが、その見込みがないと判断されると退学させられる。このため、学生はものすごく勉強する。それでもアメリカの一流大学のコンピュータサイエンスで博士の学位が取得できるのは、入学した学生の7割くらいである。TTIC でも学生の質を高く保つため、博士の取得には高いレベルの成果が必要で、取得率はやはり7割くらいである。

　学生数は 2019 年時点で 43 名で、tenure および tenure-track 教員数の3倍程度が現在の目標数である。内訳は 12 名あるいは教員数（＋女子特別枠1名）の学生の stipend は TTIC が負担し、それ以外の学生は教員が grant で stipend を負担する。

　アメリカの大学はクオーター制（年4学期制、夏学期を含む）かセメスター制（年2学期＋夏休み）のいずれかをとっており、TTIC はクオーター制を採用している。夏学期は正規の授業はないので、多くの学生が他の大学や研究機関にインターンシップに行く。残っている学生はひたすら研究をする。逆にTTIC にも、他の大学から博士課程の学生が沢山インターンシップで来る。共同研究を含む大学間の交流のきっかけにもなり、学生の刺激にもなって、とてもよい制度だと思う。

　授業は極めて集中的（週に2回、1クオーター＝10週）で、宿題が沢山出され（後述）、よく勉強する。学生の出身国（地域）はアメリカ、中国、インド、イラン、ギリシャ、香港、台湾など。外国人でもアメリカの一流大学（MIT、イリノイ大学など）の学部を終えて入ってくる学生がほとんどである。年々応募数が増えており、2019 年には 225 名になり、その中の 27 名に合格を出して、その中の9名が実際に入学した。TTIC を辞退した学生は全員、プリンストン大学、MIT など、アメリカのトップレベルの有名大学の博士課程に入学している。

● 事務局

　教員のほかに学長、事務職員7名（事務局長、財務、経理、学務、人事、簿記、情報技術）が、2013 年の TTIC の構成員になっていた。2014 年1月に事務局長を廃止して事務体制を変更し、新たに会計係を採用した（理由などは後述）。また後述するように、2016 年5月に大幅な変更を行った。その後、教員のサポートを増やし、2019 年現在で 11 名体制（学長含むと 12 名）になって

いる（図1.5）。

　事務職員の昇給は、アメリカでは各個人について、採用された日から1年経過するごとに行うのが普通であるが、こうすると人によってばらばらで評価が煩雑になり、個人間で比較するのも難しくなるため、毎年7月の昇給に揃えることにした。このため毎年6月中に、各事務職員の評価を直属の上司が行うことになった。学長が評価するのは2人のオフィサー（Chief Financial Officer（CFO）兼 Director of Operations と Secretary of the Institute 兼 Admin Director of Graduate Studies, Publications）と情報技術部長（Director of Information Technology）の3人である。それぞれについて評価される側の自己評価（文書1）と、評価者による評価（文書2）を事前に用意し、それを持ち寄って一対一で意見交換を行い、次の1年間の達成目標を具体的な3つくらいの項目について相談して決める（文書3）。以上の3つの文書について合意するまで話し合い、合意したら両者がサインして、それを人事担当者に提出する。評価する側が評価能力を試されているような感じもあり、緊張する。いずれにしても、本人と上司とが納得するまで話し合うというのは、必ずしも簡単ではないがよい制度だと思う。

　毎月1回、学長、CAOおよび上記の2人のオフィサーによる運営会議を行

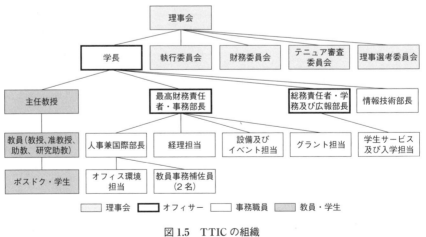

図1.5　TTICの組織

い、大学全体の運営に関する議論や情報交換を行っている。また、教員会議を
毎週 1 回、事務職員会議を毎月 1 回行っている。教員と事務職員とのコミュニ
ケーションをよくするため、2016 年から教員会議に CFO も出席するようにし
たが、その後、大学の発展に伴って教員会議での議事が増え、実際には事務職
員の参加は不必要な場合が多いので、2017 年の秋からは教員会議への事務職
員の出席は必要な時だけ要請することにした。

　会議のための事前資料はメールで配布することもあるが、基本的に共通の電
子フォルダー（Google Drive）に入れておき、会議中にオンラインで修正す
る。会議の前に agenda（協議事項や日程）を作っておくのは当然であるが、
会議を行いながら議事録を作り、会議が終わったら参加者で内容を確認する。

● 高等教育委員会（Higher Learning Commission）

　アメリカの大学はそれぞれ、全米を 6 つに分けた地域ごとの高等教育委員会
（大学基準協会）によって監督されている。TTIC はその 6 つの地域の 1 つの
NCA（North Central Association of Colleges and Schools）を構成する 2 つの
委員会の 1 つである HLC（Higher Learning Commission）に監督されている。
NCA は 19 の州をカバーし、HLC はこの 19 の州にある 1,000 くらいの大学を
監督しており、そのほとんどは私立大学と州立のコミュニティカレッジであ
る。アメリカ全体としては 4,000 くらいの大学がある。HLC はメンバー大学
を対象として Annual Conference のほか、定期的に勉強会、SSR（Self-Study
Report）（自己評価書）を書くためのワークショップなどを行い、交流を図っ
たり、情報提供をしたりしている。

● 日本との関係

　日本人の教職員および学生に関しては、2013 年の就任時には、学長のほか
に日本人が Research Assistant Professor として 1 名（2013 年に東大から着
任）TTIC にいたが、2015 年の秋にイギリスのケンブリッジの Microsoft 研究
所へ転出したので日本人教員はいなくなった。学生には TTIJ の学部を卒業し
て、TTIC に入学した人が 2 名いる。理事会の Treasurer と Secretary to the
Board を務める職員が 1 名（トヨタ自動車からの出向）いたが、2016 年に
HLC からの指摘などにより、Treasurer および Secretary to the Board を、そ
れぞれ学長にレポートする management のポジションとしての CFO と Secre-

tary of the Institute に変更し、基本的に現地採用をすることにしたのでトヨタ自動車からの出向者を受け入れることはなくなった。

　実際にアメリカの大学の経営と運営に参画してみると、外から見ていたのではわからなかった沢山のことが見えてきて、毎日が勉強である。

〈活発な学術交流〉

　TTIC では、年間を通して種々の学術講演（Workshop、Colloquium、Distinguished Lecturer Series、Young Researcher Series など）が行われる。アメリカの大学の大きな特典は、アメリカ国内や海外からのトップレベルの研究者を集めやすいことで、アメリカ国内の他大学や研究機関との交流や共同研究が頻繁に行われ、人脈が作りやすく、これによって研究が急速に進む。日本の大学はこの意味で、大きなハンディを負っている。日本とアメリカでは研究のスピード感が全く違う。アメリカでの日本の研究者の存在感はどんどん薄れているように感じる。日本の研究者がこれを戻すためには積極的に海外に情報発信し、海外の大学などとの交流や共同研究に乗り出すことが必要だが、残念ながらこの意味で頑張っている教員は少ない。

　2013 年 9 月末に、アメリカ国内の著名な研究者を招待して TTIC 創立 10 周年記念 Machine Learning シンポジウムを行い、10 月 1 日に記念冊子（10 年の歴史）出版とシカゴ市内の一流ホテルでの祝賀パーティーを実施した。パーティーには日本の総領事など、多数の方々を招待した。

● TTIC 内の研究活動とコンピュータ管理

　学内では学生や教員の間で、日常的に討論や情報交換、共同研究が活発に行われている。学内のいろいろなところにホワイトボードがあって、それを使っていつも議論が行われている。毎週金曜日には全員で大学が提供するランチ（ピザ、サンドイッチの類）を食べて、その後、TTIC の教員が講演をする。日本の大学のような研究室間の壁がなく、研究グループをまたいだ、例えばDNN（深層学習）などをテーマにしたセミナーが日常的に行われている。学生は正式の指導教員だけでなく、それ以外の教員とも共同研究を活発に行っている。筆者が学長になってから毎日、午後 3 時にアフタヌーンティー（紅茶、コーヒー、クッキー、果物を大学が用意）を始めた。時間のある教員や学生が

(a) 開放的なキャンパス

(b) 授業風景

(c) 活発な討論

図 1.6　TTIC 風景

集まっていろいろな話題に花が咲くが、結局、研究に関する話になることが多い（図 1.6）。

　トヨタ中央研究所（名古屋）、アメリカのトヨタの研究所（TRINA）、TTIJ などと種々の研究テーマについて共同研究を行っている。2016 年初めにカルフォルニア州にトヨタの AI 研究所（TRI）が開設された。TRI との交流も行う予定であったが、TRI が自動運転のプロトタイプ作りなどに重点を置き、

基礎研究をあまり行っていないので具体的な共同研究には至っていない。

　日本の大学では各研究室がコンピュータを持って管理しているが、アメリカの大学ではそれはせず、プロに任せるのが普通である。TTIC でも大学全体として専門家（情報技術部長）が管理している。これにより教員の時間と予算の両面で大きな節約になっている。日本では研究室ごとに助教や博士課程の学生がコンピュータやソフトウェアの購入やメンテナンスをやるのが普通なので、労力とお金の膨大な無駄遣いが行われていると思う。

〈日本との交流〉

　毎年秋に TTIJ で、TTIC と TTIJ の共催による CS（Computer Science）セミナーを行っており、TTIC から講演者を派遣している。日常の講義では、TTIC の教員がシカゴから遠隔で TTIJ の学生に「機械学習入門」の講義を行っているほか、数名の教員を数回の講義のために TTIJ に派遣している。2018 年から TTIC の学生を 2 名、夏に 1 週間くらい TTIJ に派遣し、機械学習の講義や演習を行っており、TTIJ の学生に好評なので継続する予定である。逆に、TTIJ の大学院の学生を 1〜2 名、秋の学期に visiting student として受け入れている。

　日本のトップレベルの大学や研究機関との交流の促進も進めている。東大、東工大、早大、TTIJ から、教員や学生を短い場合は数日から 1 週間、長い場合は数か月から半年程度の期間受け入れて、TTIC の教員との共同研究を実現しているほか、統計数理研究所、東工大、産業技術総合研究所の AI 研究所、理化学研究所の革新知能統合研究センター（AIP）、大阪大学のデータビリティフロンティア機構と交流協定を締結している。2017 年から日本の企業からの研究員も受け入れ始めた。

　2017 年 7 月に、名古屋で TTIJ、TTIC および TTIC と交流協定を結んでいる機関を中心とする公開の機械学習に関する国際ワークショップ「International Workshop on Symbolic-Neural Learning（SNL-2017）」を開き、その後も毎年継続して行っている。

〈学生の教育と評価〉

　アメリカの大学の博士課程は、学部卒業で入学する日本でいう博士課程前期・後期一貫した課程になっている。中途段階で修士の学位を与えられることはあるが、あくまで博士号を取得するまでのプロセスの一部に過ぎず、日本の修士論文に相当するものはない。初めから修士号だけを目的とした別建てのコースを持つ大学も多くあり、これは授業料を徴収する。これが重要な収入源になっている大学もある。TTICは連携しているシカゴ大学が修士課程を持っており、そこと競合するのは望ましくないこともあって、独立した修士課程は持たない方針である。他の大学の修士課程を修了してTTICの博士課程に入学してくる場合は、すでに取得した単位を卒業に必要な単位にカウントする場合もあるが、学習した内容について厳格な審査を行っている。

● 授業評価

　博士課程では、入学時点から暫定の場合を含めて各学生の指導教員は決まっているが、博士課程前半では研究テーマは決めず、専門分野の基礎知識の習得を目的としたコースワークの履修が重視される。各科目について毎週6〜8時間くらいかかる宿題が出され、学生は極めてよく勉強する。量的、質的に良い宿題を出さないと学生から苦情が出る。学期の終了時に、多数の詳細な授業評価項目について学生による厳しい多角的な評価があるので、授業の準備を含めて教員は真剣にならざるを得ない。休講は基本的に認められない。学生の成績が公平につけられているかどうかも学生から評価される。入学してから2年後を目安に、学んだことをベースとする "Qualifying Examination"（QE：博士課程研究基礎力試験）を経て博士候補者（Ph.D Candidate）が選抜され、その後個別研究テーマへと焦点化されていく。Candidateになってから脱落する学生の割合を減らすため、厳しいQEが行われる。QEで失敗しても再度試験を受けることができる。

　各授業には他の教員1名がpeer reviewerとしてアサインされており、学生の授業評価も考慮しながら各授業の評価（Curriculum Review）会議を行い、改善のためのアドバイスをする。このような評価システムそのものも評価と見直しが常に行われている。同時に行われるAcademic Program Reviewでは、

各授業の内容と期待される成果や TTIC 全体としての授業内容の改善が検討される。

● 学生に対する評価システム

　日本にも熱心な教員がいると思うが、アメリカの大学の博士課程教育は、教員も学生もはるかに真剣に取り組んでいる。これがアメリカの科学技術の進歩を支えている。高いレベルの研究を進める上で博士課程の学生の研究が果たしている役割は極めて大きく、レベルの高い教員を雇用し、大学の高いステータスを確立する上でも博士を取得する学生の質を高く維持していることが極めて重要である。

　年に 2 回、学生の評価委員会があり、全教員が集まって在籍しているすべての学生の学修状況（成績）、研究の進捗状況などを評価する。学生一人一人についてスクリーンに状況を表示し、どう評価するかの意見交換をして今後の指導方針を確認する。たまに指導教員を変更した方がよいのでは、という結論になることもある。結果は CAO からの文書の形で学生に伝えられる。これはアメリカの大学では当たり前のやり方で、MIT のコンピュータサイエンス専攻のように大きな世帯では、専門によっていくつかのグループに分けて行われる。日本の大学のように指導教員一人に学生の指導を任せることはしない。日本の大学もこのような評価システムを取り入れるべきと思う。日本からの留学生のように、言語や基礎レベルの問題で授業についていけない学生に対しては、特別教育（補習）メニューを用意することもある。

　博士号を取得する見込みがない学生には退学を勧告することがある。見込みのない学生には早く別の道を探させた方が本人のためであるし、大学としても無駄な stipend を支出し続けなくてすむ。HLC からも学生の歩留まりが監視されている。価値の多様性、個性の尊重、人の流動性というアメリカ社会の構造が背景になっている。結果として、学生がよく勉強する。

　上で述べたように、アメリカのコンピュータサイエンスでトップレベルの大学で、博士課程に入学して実際に学位が取得できる学生の割合は 7 割程度である。学位取得の自信がなくなった学生や QE に合格できない学生は、独立した修士課程を持たない TTIC でも条件を満たして 30 単位（1,000 units）以上取得していれば、修士号だけを取得して退学することができる。修士だけで退学

するのは TTIC にとって望ましいことではないが、QE に合格した後、さらに
4～5 年在籍しても学位を取得できないのは最悪なので、QE は厳格に行われ
る。

　アメリカの大学では 9 月の下旬が年度の終了であり、始まりでもある。
TTIC では毎年 9 月下旬に修士および博士（Diploma）の学位授与式を行い、
式の後、全員で立食のランチを食べてお祝いをする。同じ時期に新入生へのオ
リエンテーションを行うが、アメリカの大学では入学式のようなものはない。
日本では大学入試に合格できることが重要だが、アメリカでは入学しても卒業
できなければ意味がないので大げさに入学を祝うことはしない。

● 教育者になるための準備

　博士課程の学生は、学生であり、研究者であり、教員の卵でもある。アメリ
カの大学では TA（Teaching Assistant）が将来教育者になるための重要な訓
練の場と位置づけられており、担当の科目について学生の質問に答えたり、試
験の採点をしたりして、教授の教える仕事を手伝いながら教え方について学ぶ
機会となっている。教員の grant で stipend が支払われている学生に対しても
TA 分は TTIC が負担する。TA は訓練の場なので、シカゴ大学や TTIC では
stipend を超える報酬は払わない。TA も授業評価の一部として、授業を受け
ている学生から評価される。

● 基礎研究と倫理教育について

　日本の大学で行われている研究とアメリカの大学で行われている研究を比較
すると、日本では博士論文よりも修士論文が多数を占めていることもあって応
用研究が多く、アメリカの方が基礎的な研究が多い。日本では欧米で発見・発
明された新しい知見や技術を、具体的な問題に適用してみるという研究が多
い。これには日本の企業が基礎研究をやらなくなってしまった背景から、日本
の文科省、経産省などが「産官学共同」を奨励し、この種の研究に研究費が配
分されやすくなっていることが後押ししていると考えられる。アメリカではこ
の種の研究は企業でやるもので、学生の教育としての研究でやるべきものでは
ないと考えられている。

　TTIC ではすべての学生に、研究者としての倫理教育（Responsible Con-
duct of Research Training）を 2～4 時間の online training で受けることを義務

づけている。良い研究者になるためには研究能力のほかに人格（human integrity）とチームワーク力が重要で、この面の教育にも留意している。

● 女子学生について

　2015 年現在で女子学生が 1 名しかいなかったため、2016 年 2 月に行った外部諮問委員会（External Advisory Committee）（後述）で女子学生を積極的に入れるべきという指摘があった。grant を使って stipend を払う教員の立場からは応募学生の上位からしか取りたがらないので、トップレベルの女子でなければ入学できない。このため TTIC がサポートする 12 名と別に 1 名の女子枠を作ることにし、歩留まり 50% を見越して 2 名に合格通知を出した（2016 年 2 月）。残念ながらどちらの女子学生も他大学に行ってしまったが、2017 年から優秀な女子学生が応募するようになり、この女子枠を使えるようになった。幸いその後、女子学生が徐々に増えている。

〈アメリカの組織運営の特徴〉

　日本の大学と違って、アメリカの大学では大学運営に関することなどについて教員レベルでの議論が活発に行われる。物事をきちんと論理的に議論し、すばやく決定し、行動に移す文化が定着している。そして時間をかける必要があることは、スケジュールを作って、それに従って計画的に行う。日本の社会に比べるとアメリカの社会の方がはるかに正論が通る社会と感じる。精神的な意味で健康的でやりがいを感じる。

　日本で仕事の生産性を下げている要因の一つに「ちゃぶ台返し」や「ツルの一声」でそれまでの努力が根底からひっくり返されるということがあるが、少なくとも筆者が見る限りアメリカの社会ではそれがない。

　教員だけでなく事務職員も自分や部下の昇給、予算の使い方など要求をはっきり伝えてくるので、客観的なデータ（各職種に対応した給料の統計データなどが公表されている）に基づいた、できるだけ公正かつ迅速な判断をし、それを相手に納得させることが重要である。そのためできるだけ情報を集めたうえですばやく判断し、実行するように努めることが必要である。給料に関してはデータを収集し、妥当な相場を知るためにコンサルタント会社を使うこともある。

● **自己主張とその仲裁**

　教員、職員、そして学生も、TTIC を世界でトップレベルのコンピュータサイエンスの大学院大学にするために、毎日一生懸命助け合い、頑張っているのが気持ちよい。教員、事務職員ともに誰かに言われてやっているということは全くなく、それぞれが専門家として極めて真面目に仕事をしている。常に緊張感を持ち、自己責任で行っている。その結果が自らのキャリアに跳ね返ってくるという意識があるからであろう。

　ただし誰もが自己主張をしたがるので、それで摩擦を生じることがある。激しい議論はしょっちゅうで、教員と事務職員の間でお互いに相手がリスペクトしてくれないと言って反目することもある。それを調整するのが学長の仕事だが、簡単ではない。お互いにリスペクトするのがアメリカの社会の基本ではないかということを、外国人学長が言うことになって苦笑してしまう。そういうときの筆者の信条は「あ（焦らない）・お（怒らない）・い（威張らない）・く（腐らない）・ま（負けない）」である。こじれないうちに早く対応した方がよい場合が多いが、少し冷却期間をおいて、双方の言い分を聞き少しずつお互いの理解が深まるように働きかけていくというのが有効な場合もある。

● **教員の採用**

　教員採用では、①アメリカの上位 20 のコンピュータサイエンス学科のレベル以上の研究業績、②教育実績、③学内外でのサービス実績の３つが基準となっている。教員採用と昇格（特に tenure-track から tenure への昇格）は、当該分野の著名な教員の reference letter を中心に極めて厳格に行われる。その人を世の中がどう評価しているか、世の中にどれだけのインパクトを与えているかが最大の基準である。アメリカでは評価者として reference letter をまじめかつ客観的に書けることが重要で、評価対象者と似た経歴の教員・研究者との公正な比較を示すことが求められる。評価者が評価されているということもできる。日本での「推薦状」のように、ただ褒めればよいというものではない。

● **公平性と権限の明確化**

　アメリカでは人種、性別だけでなく、すべての差別や不公平な扱いに対する抵抗が極めて大きい。職員に対する手当に関しても、非課税にするためには公

平性が担保されていることが必須とされている。Auditor（監査役）から教員
と事務職員の手当における不公平性の指摘を受け、規制を修正した。

　アメリカは契約社会なので policy や mission を明確化し、明文化することが
極めて重要である。組織内での権限、責任分担が明確化され（S/he is respon-
sible for…）、仕事が効率的に進められる仕組みになっている。業務に関して
はジョブディスクリプション（各人の業務内容と、誰が上司かを記述したも
の）が基本で、これによって仕事が決まり、それをどれだけ達成したかによっ
て評価され、昇給が決まる。もちろん、そこに書いてあることだけをやってい
ればよいというものではないが、書いてあることが基本である。日本でよく教
員が言う「雑用」は専任（プロ）の事務職員がやるので、教員は指示を出せば
よい。

● 「メンバーシップ型社会」と「ジョブ型社会」

　アメリカではそれぞれが転職によってキャリアアップしていく。TTIC の事
務職員も若くてもそれなりに、それぞれ経理、人事、学務、情報システムなど
の専門家で、常に成果を上げて他の大学などへキャリアアップすることを考え
ている。教員だけでなく事務職員もプロとして十分に能力がある（appropri-
ately qualified and trained）ことが大学の評価項目に入っている。

　過去の職場でどのような成果を上げたか（経験と能力）によって次の職場が
決まり、昇給につながっていく。職員の給与は公開されている。特別な業務実
績があった場合は 500 ドルくらいの一時金で報酬を与えることもあるが、日本
の企業のように定期的にボーナス（一時金）で報酬を与える、あるいはそれを
期待して働かせるというのは、その人の給与（価値）に算入されないので行わ
れない。

　日本はどんな企業でも、自分のところの社員にジェネラリストであることを
求めるが、欧米の資本主義社会においてはスペシャリストを求めるので、ジェ
ネラリストは必要ない。日本は素人が素人を支配する不思議な社会で、アメリ
カとは大きく異なっている。

　日本は「メンバーシップ型社会」で、人が中心である。どのような技能を
持っているかよりも、どのようなメンバーであるかが重視される。その結果、
多くの企業が安全サイドとして、有名大学卒にこだわることになる。ほとんど

の新入社員が入社後に配属先を知らされ、しばらくすると配置転換される。特定の業務のために人を雇うわけではないので、仕事がなくなっても首が切れない。技能が正しく評価されない、女性が登用されない原因になっている。結果として日本の企業や大学の構造は縦社会になりがちで、研究者・技術者も所属する組織に閉じこもったり、閉じ込められたりする傾向が強くなる。日本のように雇用者側が被雇用者の業務内容を決めてしまう社会は、アメリカ人には理解できない。

　一方、欧米は「ジョブ型社会」で仕事が中心である。人は企業に就くのではなく、仕事やポジションに就く。職は自分で決める。企業が求める技能を持った者にポストが与えられる。仕事がなくなったら、その人は不要になる。自分の専門と違う仕事をする部署に移るということはあり得ない。つまり、日本のような「人事異動」はない。労働の形としてシンプルで、基本的に「同一労働同一賃金」、ただし形式的に同じ仕事でも本人の能力によって期待される業務内容は変わるので、賃金（給料）は個別に決定される。

　日本における正規雇用・非正規雇用の格差と、非正規雇用の増加はゆゆしき問題である。非正規社員にはほとんど教育が施されないので教育されていない素人社員が急増し、質が低下する傾向がある一方で、優秀な非正規社員でも非正規だということで低い給与で冷遇されているケースも多い。アメリカでは同一労働・同一賃金の原則が広く認識されており、レイオフも容易であるため、正規・非正規の区別がほとんどない。雇用形態は企業（組織）と労働者の間の契約で取り決められるものなので、政府が法律で介入することはしないのが原則である。TTIC では新規採用者の試用期間はあるが、基本的に正規雇用のみで、非正規雇用者はいない。アメリカでは一般に正規雇用者も終身雇用ではないので、大学の tenure 教員は公務員と並んで終身雇用が保証されている特別な例と言える。

● 学長の役割と心得

　アメリカの主要な大学の学長・副学長や研究所の所長、研究科長（学部長）などは、（日本と違って）持ち回りで引き受ける「とりまとめ担当」のような職ではない。組織を運営する経営者であり、ボスであり、リーダーである。戦略を作り出し、指導していくことを期待されているので、情勢を判断し方針を

決断する力が必要である。ハーバード大学の Derek Bok 元学長は 1971 年に
41 歳で就任してから 1991 年まで 20 年間学長を務めていた。シカゴ大学の
Robert Zimmer 学長も 2006 年から現在まで務めている。

　TTIC では筆者にとって、毎日が新しいことへのチャレンジである。最初の
2 年間は 1 か月のうち 1 週間だけ、その後も月の半分しか顔を合わせないの
で、日本にいるときも日々のメールはもちろん、時々電話や Skype での打ち
合わせをしてコミュニケーションをできるだけよくし、透明性を高めるように
努めている。信頼関係を確立するために、TTIC にいる時は Open door policy
を実践して、誰でも学長に気楽に話ができるようにしている。教員や事務職員
から「今までの学長では、こういうことはなかった、よくやってくれている」
と言ってくれると、やりがいを感じる。

　組織運営においてトップダウンが機能するためには、下から正しい情報が上
がってくる仕組みを作っておくことが重要で、基本は信用と信頼関係である。
親身に話を聞き、違い（ダイバーシティ）を受け入れて考える謙虚さと、誰も
が信用し信頼できる言葉を紡ぎだす見識が必要で、そのための努力が不可欠で
ある。上に立つ人は「名馬ムチいらず」にすることが重要と思う。「オーケス
トラはドライブするな、オーケストラはふっちゃいけない。オーケストラに弾
かせるということはいかにうまくオーケストラに乗って棒をふるかということ
で、それが指揮者なのだ」（カラヤン）を肝に銘じている。アメリカで組織運
営をしていると、暴れ馬を抱えているような感じがする。日本とは随分違う。

　常に人から尊敬されるリーダーとして、真正（authentic）であることを心
がけることが大切と思う。何事も正直に伝え、相手にとって受け入れがたい決
断をしたときは、逆にストレートに言うのがよい。それと同時に、相手に礼を
尽くすことが大切である。

〈職員を解雇する〉

　アメリカでは定年がなく、年齢で解雇することができず、無理やり解雇する
と訴えられる恐れがあるので、高齢になって能率が低下した職員を解雇するの
が難しい。TTIC の創立から 10 年間勤めてくれた事務局長（年齢を聞くこと
ができないのでわからないが、多分 65 歳以上）を、仕事の効率が下がったた

め、最も無難な方法として、そのポジションを廃止する形で解雇した。全く予告なく朝10時に本人に伝え、条件を記述した文書を渡してサインを求めた。3週間の猶予を与えたが、その日のうちに完全に引き払った。当然ながら、業務の引き継ぎは一切ないが、仕事の中身はコンピュータ上に残っているので大きな問題はない。気の毒だが、この形しかない。アメリカ社会の難しい側面を表している。その後、本人が弁護士を雇って条件の改定（上積み）を要求してきたので、こちらも弁護士を雇って相談し、要求を一部受け入れる形で決着した。TTIC では理事や職員が学内外から訴えられたときのために、大学として2億円程度がカバーされる保険に入っている。掛け金は年300万円程度である。

　「指導者にとって、部下をクビにすることは最も困難だが最も大切な仕事なのである」と、ニクソン元大統領の回想録『指導者とは』に書いてあるらしい。組織を健康な状態に維持するためには、組織の活動を低下させるような部下を解雇することができることが不可欠である。

　事務局長ポジションを廃止して組織を再編し、経理などを統括する Director of Operations ポジションを設置したが、2016 年の 3 月にその Director of Operations の事務職員がイタリア系有力企業の幹部職員（年収 22 万ドル＋25% ボーナス）として引き抜かれてしまった。TTIC としては大きな痛手で、本人の申し出を受けて引き留めようと考えたが、本人のことを考えればステップアップとして理解できるので認めざるを得なかった。4 月末で退職したいとのことだったので、すぐに会社を使って代わりの人の募集をし、書類選考、面接（2 回）、元の雇用者の評価などを用いて約 3 週間で決定し、その 3週間後の 5 月初めに着任した。これがアメリカという国なのであろう。前任者と勤務期間が重なることがなかったので、週末に前任者に来てもらって引継ぎを行った。

第 2 章　TTIC の経営基盤の確立

〈トヨタおよび TTIJ との関係〉

　TTIC は小さな大学なので自由度が大きいが、基金の出資者（donor）であるトヨタおよび TTIJ との関係は難しい。トヨタはアメリカ人の感覚からは極めて決定が慎重かつ遅い会社で理解しがたく、返事がなかなか来ないので無視されていると感じフラストレーションの原因となる。トヨタおよび TTIJ は、TTIC をその一部として位置づけ、その管理下に置こうとしているように感じる。TTIC の発足の経緯から、TTIJ には TTIC を分校のように扱っていたいという意識がある。TTIC の側は、TTIJ を日本にある姉妹校として尊重しながら、独立した、世界トップレベルの大学を目指している。このずれが問題を生ずることがある。

　後述するように、トヨタはリスクをとることが苦手な日本企業の典型で、基金を国債以外の形で運用することに対して強いアレルギーがあり、これが TTIC で働いている教職員やアメリカ人の理事には理解できない。トヨタは出資している側の意見が通らないのはおかしいと考えている。そもそも、寄付者が基金の使用目的について注文を付けることはあっても、投資先について注文を付けること自体がアメリカの大学では異常で、ありえないことであることがわかっていない。HLC からは理事会が出資者の意向を考慮しながらも、基金を自律的に運用する方針を決めることが求められている。このため理事会としては、出資者の意向を最大限考慮し、自主的に決めた比率で基金の一部をシカゴ大学の方式（TRIP）で運用し、それ以外は国債で運用することに決めたが、それでもトヨタは「莫大な寄付をしているトヨタの善意を踏みにじっている」と感じているように見える。

　トヨタおよび TTIJ の人たちは、なるべく「根回し」で決めたいと考えている。前に書いたように TTIC の理事会も、筆者が学長になる前は議事内容が

事前に根回しで決まっていて、実質的な議論は行われていなかった。筆者が学長になってから議題は事前に決めておくが、議論は会議の中で自由に行うようにした。トヨタあるいは TTIJ の代表者は、TTIC 理事会との直接の議論の場を作ることを好まず、学長である筆者でも直接議論する場はなく、常にトヨタ関係者である理事長およびその周辺の人と、トヨタの担当者との間で情報交換が行われていた。2017 年の基金の投資方法に関する制約を取り除くプロセスの中で、理事会の Finance Committee および理事会における議論の結果、Finance Committee の代表者を直接トヨタに送ることが決まり、初めてこのような機会を作ることができた。これは TTIC 理事会とトヨタが直接情報交換をするという意味で、極めて有意義かつ重要な機会となった。

　トヨタの幹部の方は、表向き「TTIC を社会貢献として創設し支えている」と言っているが、「TTIC は日本のためになっているのか」ということを聞かれる。後で述べるように、アメリカでは「大学は社会のもの」という認識が定着しているから、寄付者のための大学であることは許されない。トヨタの幹部にはこれがなかなか理解されない。TTIC で博士号を取得した学生は、これまでアメリカのトップレベルの大学の教員か、トップ企業の研究者になっており、最近になって、TTIJ の学部を卒業して TTIC に進学し博士号を取得した日本人の学生が、初めてトヨタに就職した。
　TTIC での研究に関しては、前にも述べたように、トヨタの中央研究所や TTIJ との共同研究という形ですでに貢献しており、日本の大学からの短期の研究者も受け入れている。2016 年初めにカリフォルニアに設立されたトヨタの研究所 TRI とも、今後協力関係を持つ予定である。トヨタおよび日本への貢献としては、このような形が望ましいと考えている。

　内田樹「呪いの時代」を読んで
　標記の本に以下のようなことが書いてある。日本人全般に言えることかもしれないが、トヨタの人には是非読んでほしいと思う。

　「適度な野心と適度な屈辱感は向上心をもたらし、それが自己陶冶の契機となる。現代日本人の多くは、自己評価と外部評価の落差がしだいに拡大しつつある。高い自己評価と低い外部評価の落差を埋めるためには、外部評価を高めるために努力するべきだが、そうならず、「呪い」によって破壊する生き方を選択する人が多い。子供たちの過度に肥大した自尊感情を下方修正し、適切な自己評価を受け容れさせることは、実際には子供たちの潜在的な才能の開花を支援するのと同じくらいに重要な教育的課題である。自分がどれだけ無知で非力であるかを知る必要がある。

　階層社会は、努力することに対するインセンティブの有無に基づいて二極化する。属人的な能力や資質の問題ではない。現代日本では「分際をわきまえる」ということが成熟した市民の条件だという了解はほとんど共有されていない。むしろ、どれだけ「分際をわきまえずに」、他人を押しのけて前面に出て、できもしないことを言い募るか、それが競われている。

　わが国の政治家に最も欠けているのは、「自説の反対者と生産的な対話をなす」能力である。これが日本の政治的危機の核心をなしている。日本社会の深刻な問題は、他者との共生能力が劣化していることで、自分と価値観が違い、美意識が違い、生活習慣が違う他者を許容することのできない人が増えている。社会人としての成熟の指標の一つは他者と共生できる能力、他者と協働できる能力である。

　我々の意識を、批判することから提言することへ、壊すことから創り出すことへ、排除することから受け容れることへ、傷つけることから癒すことへ、社会全体で、力を合わせて、ゆっくりと、しかし後戻りすることなくシフトしてゆくべき時期がきている。」

〈アメリカの大学と理事会の役割分担〉

日本とアメリカでは、理事会と大学の意思決定・執行・監督機能に関する役割分担が大きく異なる。アメリカの大学における理事会の役割は Guardians

（守護者）と言われ、大学の将来を守ることが理事会の重要な役割である。最高意思決定機関であり、大学全体の利益を考慮し、チェックする機能が求められる。理事会は長期的な観点から、大学が進むべき方向性やミッションについての意思決定を行い、具体的な課題を実現する学長を選び、評価する。執行機能（management）を担い、具体的な課題を解決し、ミッションを実現するのは学長で、理事会は学長の執行を監督（governance）しサポートする。このような役割分担の明確性が強く求められている。大学としての長期的な維持・発展と具体的な課題の解決という2つの目標に応じて、責任の主体を分けているとも言える（TTICのStatutesやBylawにも同様のことが書かれている）。

　このような明確な役割分担から、アメリカの大学では原則として、現職の教職員が理事会メンバーになることができない。アメリカの大学の理事会は「素人支配」と呼ばれることが多いが、大学の卒業生や各界の名士など他に職業を持つ有識者が理事になり、理事としての報酬は受け取らないケースが多い（TTICも同様）。大学が行う意思決定によって直接利害を受ける教職員では公平な判断を行うのは難しく、閉鎖的になりがちなので、個人の関心から切り離した形で監督することが重要という理念があるためである。ガバナンスにおける最も根本的な問いは「大学は誰のものなのか」であるが、私立であっても「大学は社会のものなのだ」という認識が強くあることがこうした制度の基盤にあり、それ故に、税制優遇などの社会からのサポートを得ることができると考えられている。

　アメリカの大学では学長、副学長や学部長などは経営陣として明確に位置づけられ、一定の人材マーケットが成立している。その多くはアカデミア出身で博士学位を持つが、あくまでも経営上の手腕をもとに選ばれ、評価される。他の大学で学部長や副学長などを歴任し、経営上の手腕（例えばコストカットや寄付の獲得に成功など）を買われて、選ばれる。有能な学長であればあるほど給与も極めて高額である。学長以外のマネジメントでも、例えば入試、財務、人事などの分野における専門職（教員外プロフェッショナル）マーケットも発達している。彼らも一定分野で経験や訓練を積んで、専門職として他の大学に異動しながらキャリアアップをしていく。アメリカの大学の学長など経営幹部が専門職化した背景には様々な理由があるが、上述の理事会の特徴からもたら

された面も大きい。

● 日本の大学の理事会

　日本の大学では職業として大学の理事になるケースが多くみられ、実際に日常的な意思決定と執行において担っている役割が極めて大きい。一部の私立大学では、理事会やそれを支える学内の事務局が大学経営に責任を持ち、経営能力を高める方向をさらに目指す動きもある。学長も学内から選ばれるケースが大半を占めている。日本の私立大学では意思決定と執行が分離していないため、執行機能を強化するための方策が複雑になり、学長に経営能力以上のものが求められるからである。

　日本の大学のガバナンスにおいて、監督機能が弱く、理事会や学長の評価がほとんど行われれず、自浄作用が働かないのは、役割分担が不明確でどのような観点で評価をするのかが明確でないためである。日本の大学を国際標準に合わせるためには理事会の構成や役割を明確化し、その上で学長の権限や学長に何を期待するのかを明確化することが必要である。

〈アメリカの大学のオフィサーと理事会の関係〉

　上記のように、アメリカの大学（広くは NPO）では governance と management の分離が厳しく求められている。日本の大学で行われているような教授が理事を兼ねたりすることはアメリカでは認められない。アメリカでは法律で、management の中核としてオフィサー（officer）を置くことが義務づけられている。その人数は州によって最低 1 名であったり 3 名であったりする（イリノイ州は最低 1 名）。基本は President、CFO（Treasurer と呼ぶこともある）、Secretary of the University の 3 名である。シカゴ大学では President、CFO、Secretary of the University が、MIT の場合は President, Treasurer, Secretary of the Institute が置かれている。TTIC の理事の 1 人 Morgan 教授が所長を務めていたカリフォルニア大学バークレー校の ICSI 研究所には、Director、CFO、Secretary of the Institute が置かれている。シカゴ大学のような大きな大学では、これ以外のオフィサーとして複数の副学長が置かれている。

　アメリカでは「社会のもの」としての大学を監督するのが理事会で、理事会

は基本的に大学とは独立に、無給で大学を支える有識者の集まりであるから、TTICのようにドナー（出資者＝トヨタ）の関係者が理事長を務めることは普通はあり得ない。大学経営の中核であるオフィサーが理事あるいは理事会の構成員になることも原則的にない。理事を兼ねる場合は、独立性が担保されるための特別な措置が必要とされる。学長もオフィサーなので理事会には職権上の立場として参加し、投票権を持たない制度になっているところが多く、以前にHLCの担当者と話したときもそれが普通ということであった。

　HLCによる外部評価（後述）のプロセスの中で、これまでTTICの理事会がオフィサーに関して上記の原則に従って来なかったことが明らかになった。それで原則に従って、これまでのgovernance側に立っていたTreasurerとSecretary to the Boardをmanagement側のスタッフとしてのCFOとSecretary of the Instituteに変更することになり、2016年5月に実現した。Secretaryは大学のmanagementの業務の一環として理事会のお世話もする。シカゴ大学のホームページにも、「（業務の一環として）理事会の円滑な運営を手助けする」と書いてある。HLCへの対応がTTICのオフィサー改革を進めるきっかけになったのはよかった。

〈外部評価〉

　TTICでは、外部諮問委員会（EAC：External Advisory Committee）（マサチューセッツ工科大学、カーネギーメロン大学、カリフォルニア大学バークレー校、コーネル大学の著名教授で構成）のミーティングを隔年で実施している。筆者が学長になってから最初のミーティングを2014年の1月に実施する予定だったが、大雪で国内航空が大幅にキャンセルされたため5月に延期して実施した。委員はフルに2日間、精力的に学長、CAO、faculty、research faculty、学生、シカゴ大学部長などとインタビュー、討論を行い、これに対してTTICの各メンバーも積極的に対応した。終了後、組織運営に関する貴重な示唆や、助言を沢山含む報告書を受け取った。

　2年後の2016年2月に、次のEAC Meetingを実施した。その中でassistant professor 1名のtenureへの昇格に関する審査を含めて行った。報告書では、教員会議におけるsenior faculty membersのいっそうのリーダーシップの

発揮、学生・教員における女性の増員、grant application へのサポート体制の強化、企業からの研究資金による研究成果に対する IP（知的財産）規定の制定、トヨタとの共同研究の増進への努力、TTIC の透明性・可視化向上への努力などが求められた。

● HLC の活動

　前に述べたように、アメリカの大学はそれぞれ全米を 6 つに分けた地域ごとの高等教育委員会に監督されており、TTIC はその一つである HLC（Higher Learning Commission）によって監督されている。HLC は 19 の州をカバーし、コミュニティカレッジを含め 1,000 くらいの膨大な数の大学を監督している。アメリカの大学には accreditation（適格認定）制度が定められており、accreditation の更新の管理が HLC の重要な役割である。HLC はこれらの「メンバー大学」を対象として、年次会議（Annual Conference）のほか定期的に勉強会、SSR（Self-Study Report）（自己評価書）を書くためのワークショップなどを行い、交流を図ったり情報提供をしたりしている。

　HLC は、毎年春にシカゴで年次会議（HLC Annual Conference）を開いており、2016 年と 2018 年の 2 回参加した。この年次会議には HLC が監督している 19 の州の大学関係者 4,000 名以上が参加し、大学教育の評価を中心に、大学教育を如何に改善していくかについて 5 日間にわたり熱心な討論が行われる。会期中に学長のための特別セッションが 1 日あり、学長だけでなく副学長、理事長などの希望者を含む 200 名以上が参加して真剣な討論が行われる。
・連邦や州から大学への予算が減って学費が物価の上昇率以上に高くなり、社会の貧富の差が広がっている中で貧困学生にどう対応するか
・大学教育プログラムの継続性を守るための財政的安定性を如何に確保するか
・社会の期待に教育内容を如何に対応させるか
・卒業学生の質を如何に保証するか
・教育の効果を如何に評価するか
・これからの学長を如何に育てるか
・学生のメンタルヘルスやキャンパスの治安を如何に守るか
・優秀な外国人留学生を如何に確保するか
・ビッグデータや AI をどのように教育に生かしていくか

・オンライン学習などの新たな教育方法をどのように取り入れていくか

　などがテーマである。学長のほとんどは白人であり、アジア人は見当たらなかった。学生の教育効果の評価項目の一部としてコミュニケーション、批判的思考（critical thinking）などが挙げられていた。各大学は、大学全体の自己評価を行う部署を設け、常にデータに基づいた自己評価と改善を図ることが求められている。

　2016 年の年次会議では有名なジャーナリストの Fareed Zakaria 氏の基調講演があり、アメリカの２つの重要な成果は科学技術と人材育成であると述べ、「challenge を求める文化と創造性の教育が重要な基礎になっている。日本のようなペーパーテストで人をランキングする国では創造性のある人は生まれない。日本は高齢化などの問題を解決するのが難しいが、アメリカは世界中から優秀な若者を受け入れて教育を行うことにより解決することができる。アメリカには個人が専門家として、生涯にわたって学習する文化があり、これも重要な役割を果たしている」と述べていた。

　HLC は大学の質の維持の仕組みを提供し、大学教育関係者がその仕組みの中で相互に、極めて真面目に第三者評価を行っており、それがよく機能している。評価委員は何をどう評価すべきかに関してしっかりした訓練を受けており、通常、この業務を複数年、長い場合は 10 年以上続けている。アメリカの社会における評価のプロセスでは truthfulness（誠実、正直）、honesty（正直）、transparency（透明性）、fairness（公正、公平）が極めて重視されており、わかりやすい。評価の仕組みがよく機能しているところが日本と大きく異なっている。日本式の形を繕おうとする姿勢はなじまない。日本の大学における（多くの）評価は極めて形式的で、茶番劇と言わざるを得ない。

　これまでに書いたように、アメリカでは「大学は社会のもの」という意識が徹底しているので、大学教育関係者はそのような目で世間から評価されているという意識が強いように思う。教授はもちろん、学長でも飛行機はエコノミーを使い、学長が日本のように運転手つきの黒塗りの車を乗り回すというようなことはない。その代わり有能な学長は、エキスパートとして極めて高い給料をもらっている。

日本ではノーベル賞受賞者がまだ少ないこともあって、受賞者が全人格的に優れた人であるかのように扱われるが、それは日本の社会に「評価力」が欠けている表れであると考えられる。何もかもよしとすることは本当に優れているところを見出していない（見出そうとしていない）ということであろう。

〈TTIC の accreditation 更新〉

アメリカの大学の accreditation（適格認定）は連邦政府とは無関係に発生した仕組みだが、大学やその学生が連邦政府（NSF、NIH など）からの財政支援や奨学金を受けるには、その大学が accreditation の認定を受けていることが必要なので、実際上、避けることができない。accreditation の認定を受ける条件（accreditation 基準）は、各高等教育委員会によって極めて詳細に決められており、定期的に見直しが行われている。各大学はその共通の基準を満たしていることが大切で、個々の大学の自主的な施策まで評価することはしない。

TTIC は 2009 年 10 月に、HLC の 5 年間の accreditation 認可を受領し、2014 年 11 月に更新のための評価、ヒアリングなどを受けることになった。それに先立ち HLC からの指示に従い、2014 年 9 月初めまでに基準を満たすように学内規則や制度を evidence としてきちんと整備し、113 ページ＋膨大な資料（約 300 件、本体からリンクされている）の自己点検報告書（Self-Study Report）を提出した。大変な作業だったが、これまで特に理事会の体制や機能がアメリカの大学としては非常識な形になっていたので、この機会にそれを含めて大学としての整備を行うのは極めて有益であった。準備スケジュールは事務職員が主導し、教員が内容を整備し、自己評価書は事務職員が書いて関係者全員でチェックし、改良した。

2014 年 11 月に、2 日半にわたって accreditation 更新のための HLC の視察、具体的には HLC が選んだ他大学の副学長、学部長等から構成される評価訪問チームによるピア・レビューが行われた。評価訪問チームは TTIC のすべての構成員（教員、学生、事務職員、理事会、外部諮問委員会）との面接（電話を含む）を行った。その評価訪問のドラフト報告書が 12 月 23 日に HLC から TTIC に送付され、1 月 5 日期限で、その中に明らかな事実誤認（errors in

facts）があれば（それ以外についてはこの時点では反論できない）、TTICか
らHLCに修正依頼ができるということであった。事実誤認と思われることが
あったので修正を申し出たが、寄付者からの理事の独立性に関する見解の相違
だったようで修正は認められなかった。

　2015年1月14日に正式な報告書"Report of a Comprehensive Evaluation
Visit"をHLCから受領した。accreditationが有効なのは通常5年あるいは10
年だが、6月30日までに3つの項目、すなわち①財政的独立性、②理事会の
自律性、③教育および学生の評価法についてTTICとしての対応策を回答す
ることを条件に、10年のrecommendation更新が推薦された。①と②は、具
体的には寄付者であるトヨタおよびTTIJからの独立性と、基金運用の方法を
含む種々の決定における理事会の自律性である。

　ところが3月初めに行われたHLCのIAC（Institutional Actions Council）
の会議で、上記の3つの項目に対する前年のHLC評価訪問までのTTICの対
応では不十分として、さらなる対応を7月末までに文書で報告し、8月31日
か9月1日にIACで公聴会を行うとの通知を受けた。この結果によっては
「TTICがaccreditation維持に必要な対応をしていないので、accreditationの
継続ができなくなる可能性がある」というNotice（一種の制裁）が公開され
る可能性があるということであった。

　そのようなことになったら大学の存亡に関わることになるので、2015年4
月のTTIC理事会で対応を検討し、その直後に筆者とTTIC理事長との打ち
合わせでトヨタに対する要望事項を決め、理事長がトヨタの担当常務取締役と
話し合いを行った。その結果、トヨタの取締役会で8,500万ドルの追加の基金
の寄付と5,000万ドルのシカゴ大学方式での基金運用を認めてもらうことがで
きた。これでTTICの単年度収支は黒字化し、今後少なくとも30年間（望む
らくは永久に）安定した経営ができる見通しが得られた。さらに基金運用の自
律性に関して、「TTICの理事会が、トヨタの意向を尊重しながら長期的な安
定性を考慮して、基金の運用方法を自律的に決めることを認める」という文書
を出してもらうことができた。理事会の独立性については、理事会の中でのト
ヨタ関係者の比率を徐々に減らしていくことで具体的な検討に入った。その結
果、一部のトヨタ関係者に理事を辞任していただき、トヨタから独立した理事

を新たに選任することになった。理事の総数をこれまでの 14 名から規則で定められた上限の 15 名にし、トヨタ関係者を 50% 以下である 7/15 にすることができた。これまでトヨタ関係者が引き継いできた Treasurer と Secretary to the Board のポジションに関しても、業務内容、採用方法、評価方法を見直し、明文化した文書（draft）を策定し、トヨタ関係者に限らず広く募集できるようにした。また、教育のプロセスにおける種々の評価とそれに基づく改善方法なども定めた。以上を中心とするレポートを 7 月末までに HLC に提出した。Treasurer と Secretary to the Board に関しては、その後、理事会レベルで見直しを行い、それぞれ management 側のスタッフとしての CFO と Secretary of the Institute に変更することになった。

　9 月 1 日の午前中に、Hilton Chicago O'Hare Airport Hotel で IAC Hearing（公聴会）が行われた。TTIC 側からは理事長、学長、理事 1 名、CAO が出席し、IAC からは前年 11 月の評価訪問チームの代表を含め 7 名の委員が出席した。

　その結果として、9 月 11 日に HLC からのレターと IAC Hearing Team からの報告書および HLC 理事会への推薦書を受領した。最終的な結論は 11 月に行われる HLC の理事会で決定ということであったが、幸い 3 月以降の改善努力が評価され、accreditation の更新が推薦された。ただし、①理事会の独立性、②財政的な安定性と独立性、③教育における評価、改善、および④ガバナンスの確立に関する懸念が表明され、これに関しては 2 年後（2017 年）の TTIC からの中間報告と、HLC からの 4 年後（2019〜2020 年）の現地訪問で評価されることになった。さらに、TTIC が、QE（Qualifying Exam）を受けないか、受けても合格できずに外部に転出する学生に正式に修士号を出すことを HLC に認めてもらうための申請を 2016 年 1 月 15 日までに提出するよう求められた。

　その後、11 月 12 日に HLC 理事会の決定内容の正式通知を受け取った。幸い、IAC Hearing Team による推薦内容がそのまま理事会で採用され、2024 年あるいは 2025 年までの 10 年間の accreditation の更新が認められた。上記のように修士課程の申請、2 年後の中間報告、および 4 年後の現地訪問への対応が求められているが、ほぼ満足すべき結果と言える。

〈修士課程の申請〉

　これまで QE をパスせずに途中で退学する学生に修士号を出していたが、創立当時、特に TTIJ の学生のために博士課程と独立に修士課程を設けることを検討していたものの、実際にそのような需要がなかったため、修士課程の正式な申請を行っていなかった。HLC からの指示に基づいて、博士課程の一部としての修士課程の申請を申請期限の 2016 年 1 月 15 日より前に HLC に正式に行った。

　これに対して修士修了に必要な単位数が、HLC の基準である 30 単位（1,000 units）より少ないという指摘が HLC の担当者からあった。学生は実際には基準を満たすだけの学習をしているのだが、修了単位数に算入していないものがあったので、単位の数え方を変更してそれらを算入するようにし、再度申請を行った。この申請に対して 2 月末に HLC から連絡があり、3 か月後（6 月 20 日と 21 日）に HLC が決めたチームの視察が行われることになった。

　2016 年 6 月 20 日と 21 日に、HLC が選んだシカゴの近くの 2 つの大学の副学長からなるチームが TTIC を訪問し、事前に HLC に提出した申請資料のほか、訪問チームから前日に請求があった多様な参考資料をもとに、学長、CAO、CFO、Administrative Director of Graduate Study、Director of Information Technology、教員の Director of Graduate Study、シカゴ大学教員で TTIC の理事を務めている 2 人、教員、学生とのインタビューを行った。視察は実質的に丸 1 日で終了し、2 日目は朝から学長、CAO、CFO、Administrative Director of Graduate Study との最終会議を行って、訪問チームからの講評があった。全般的に好意的な内容であった。

　その週の週末に、チームが HLC に提出する報告のドラフトが筆者宛に送られてきて、間違いがないかチェックしてほしいとのことであった。基本的に「修士課程の申請の承認を推薦する」という内容であった。チェックの結果、細かい誤り以外は問題ないと思われたので、そのように回答した。それに対してチームのリーダーから、こちらからの指摘に従って修正した報告書を HLC に提出するとの回答を得、その後、HLC から提出された報告書が送られてきて、これに同意するかとの問い合わせであったので、同意する旨、文書で回答した。

　この後、8 月に IAC から、審査の結果 TTIC の修士課程の申請を承認するというレターを受け取った。11 月に行われる HLC 理事会での審議は必要とせず、これを正式決定とするとのことであった。

〈HLC への中間報告〉

　前述のように、2015 年 11 月に 10 年間の accreditation の更新が認められたが、2 年後の中間報告および 4 年後の現地訪問への対応が求められた。そのため 2017 年 9 月末までに、10 ページの本文と 33 種類の付属文書からなる中間報告書を作成し、HLC に提出した。その内容は、HLC から指摘された理事会およびその委員会の自律性および独立性、教育内容の見直しと改善の仕組みの確立とその実行、寄付者から約束された基金のスケジュール通りの受領、長期的な財政基盤の確立の各項目について、それが実際に行われたことを議事録や種々の記録による証拠を持って示すものである。

　その中間報告書に対して、2018 年 1 月初めに HLC からほぼ満足できる内容であるという回答が得られた。この次の正式な HLC への文書による対応は、2019〜2020 年に予定されている accreditation から 4 年後の現地訪問のための自己点検報告書（Self-Study Report）になる。その中には 2023 年度までの予算計画と、2019 年度までの会計監査報告を含むことが求められている。また、理事会とその委員会の構成員のうち、トヨタ関係者を半分以下とすることを内規（Bylaw）に明記することが求められたため、2018 年 4 月の理事会でそれに沿う形で Bylaw の改訂を行った。

　accreditation 更新はかなりの作業を伴うが、日本ではやらされているという感覚が強いのに対して、アメリカではこれを受けることによって実際に大学が良くなるという実感があり、評価制度が実質的な意味を持っているところが違うように思う。その背景には評価をする側の高等教育委員会と評価をされる側の大学代表者が毎年集まって、評価基準とその方法について真剣な議論を行っていることがある。アメリカでは accreditation を含む大学の評価システムが、政府から独立した大学代表者からなる組織によって行われており、政府の影響力が大きい日本と異なっている。

　日本では評価への対応における教員の負担が大きく、ともすると雑用として意識されているきらいがあるが、アメリカでは学長の指揮の下に、プロとしての学務担当事務職員が主導権を持ってスケジュールと内容の管理を行い、教員はそれに従って制度やシステムを作り、実行し、結果としてのデータを提出すればよいので、負担よりも改善しているという実感を得ることができる。日本での適格認定制度が実質的な意味のある形で定着することを望みたい。

〈アメリカの大学における資産運用〉

　アメリカの大学において資産運用は学校経営の要ともいうべき重要なものとして位置づけられている。学生数や学費（授業料）に頼らない経営、奨学金の拡充は、大学の教育機関としての権威を保ち、学生の意欲を高めている。積極的な資産運用がこれに貢献している。アメリカの大学では毎年の grant（研究のための外部資金）を除く支出が、保有資産（基金＋cash）の5%を上回らないことが、大学運営の長期的な健全性を見る一つの指標と認識されている。

　欧米では非営利機関や公益団体が寄付金を投資することは、むしろ義務であると考えられている。ただ、その際に、「prudent investor rule（慎重投資原則）」に則った投資でなければならない。何もせずに預金するだけのインフレに弱い運用はこの原則に反し、違法とされる可能性さえあると言われている。公益法人・団体が、その基金の投資・運用の職責を外部の業者に委託することは法律的に認められており、むしろ推奨されている。どのような投資が将来に向け配慮されたものであるかを判断する基準は、イリノイ州では UPMIFA（Uniform Prudent Management of Institutional Funds Act）法で規定されており、その判断は各機関や団体がその置かれた状況に応じて自律的に行うことになっている。それが正しいかどうかは外部の auditor（監査役）が判断する。

　アメリカの主要大学では運用資産の分散化（株式、債券、現金、オルタナティブ、国債など）により全体のリスクを減らし、長期的に高いリターンを得ている。シカゴ大学の投資部門は特に評判が高く、リーマンショックを含む期間でも、5年以上で平均すれば十分高いリターンを実現している。それを支えているのは投資部門に優秀な人を抱えていることと、その人たちの人的コミュニケーションネットワークと、それによるビッグデータ（情報）である。アメ

表 2.1　2018 会計年度末のアメリカの大学の基金ランキング（2013年との比較）

大学名	大学の基金（億ドル）	
	2018 年	2013 年
ハーバード大学	392	323
イェール大学	294	208
スタンフォード大学	265	187
プリンストン大学	254	182
マサチューセッツ工科大学	164	110
ペンシルベニア大学	138	77
テキサス工科大学	127	87
ミシガン大学	117	84
ノートルダム大学	111	69
コロンビア大学	109	82

リカの大学全体について基金の変動を見ると、2009 年のリーマンショックの年に大きくマイナスになり、2012 年に小幅のマイナスになっているが、それ以外の年は着実に増やし、2005 年から 2015 年の 10 年間で年平均 10% 増、10年間でほぼ 2 倍に増やしている（運用だけでなく、寄付による増加も含む。）

　表 2.1 に、アメリカの大学の 2018 会計年度末の基金ランキングを示す。トップのハーバード大学は 4 兆円以上の基金を有している。

　日本のトヨタや TTIJ の関係者は、アメリカの大学の博士課程教育がお金がかかるものであること、そのためにどこの大学も（上記のように）莫大な基金を集め、その運用で教育資金を生み出していること、それが当たり前で、その結果として博士号を持つ人がそれだけの価値を持っていることを十分に理解していないため、説明に多大の努力を必要とする。トヨタ関係者の理事で、アメリカの主要大学の基金総額を学生数で割って TTIC と比較し、TTIC が桁違いに大きい基金を有しているではないかという人がいるが、TTIC は博士課程しか持っていないので、博士課程教育に限って比較すれば TTIC が突出して学生 1 人当たりの基金が多いということはない。

☕ **coffee break**　アメリカの私立大学の学費について

　2016 年のアメリカの大統領選挙で、B. サンダース候補が公立大学の学費ゼロと学資ローンの金利引き下げを政策にかかげて話題になった。アメリカの公立大学のほとんどはコミュニティカレッジといわれる 2 年制の日本の短大のようなもので、日本人の多くがイメージとして持っているMIT やスタンフォード大学のようなトップレベルの有名大学とは大きく異なる。シカゴにある高等教育委員会（HLC）が監督している 19 の州には 1,000 くらいの大学があるが、そのほとんどは私立大学で、公立大学のほとんどはコミュニティカレッジである。コミュニティカレッジは州立で、ここで学んでいる学生が多いので、この学費をゼロにすることができればその影響は大きいが、州立大学の学費は 4 年制でも私立大学の半分くらいであり、コミュニティカレッジの学費はその半分あるいはそれ以下である。アメリカの有名大学はほとんどが私立なので、実はサンダース氏の学費ゼロ政策は日本人が知っている有名大学の高額学費の問題とは直接関係がない。

　アメリカの私立大学の学費は 2000 年以降、物価や収入の伸びを上回って上昇しており、確かに高い（年額 500〜700 万円）が、大学は実際には学生 1 人当たり 800〜1,000 万円くらい教育コストをかけている。また、年収が 6 万ドル以下の家庭からの学生の学費は無料になっている。このため、例えば MIT が実際に学生あるいは家族から受け取っている学費はコストの半分くらいに過ぎない。不足分は同窓会（卒業生）や企業からの寄付や資産（基金）の運用で賄っている。大学は学生まで動員して卒業生に電話攻勢させるなど、極めて日常的かつ積極的に寄付集めをしている。

　トップレベルの大学では大学の収入のうち、学費が占める割合は小さい。イェール大学では 10% 程度、MIT では 15% 程度、シカゴ大学では20% 程度に過ぎない。平均的には収入の 30〜40% 程度を基金運用から得ている。支出では図書関連や研究に関連する費用が多くの割合を占め、教育関連の費用は相対的に小さい。シカゴ大学のように大病院を持っているところは、病院収入も大きな割合（シカゴ大学の場合、全収入の 1/3 から

半分近く）を占めている。シカゴ大学は基金の 99% を TRIP で運用して
いるが、運用益は全収入の 10% 強で、病院収入の約 1/4 に過ぎない。

　アメリカの大学の学費が、カリフォルニア大学のような州立大学を除い
て極めて高いことはしばしば問題視されるが、上記のように各大学が学費
に依存している割合は大きくないので下げることができないわけではな
い。それをしないのは高い学費を集めて、それで立派な建物、キャンパ
ス、運動施設などを作り、さらに教員の給料を上げることによって、優秀
なあるいは有名な教員を引き付けやすくなり、そのような教員がいること
によって優秀な学生が集めやすくなり、お金持ちの優秀な子供を入学させ
ることによって親から寄付を集めることができ、卒業生がアメリカ社会の
エリートとなり、お金持ちになって多額の寄付をしてくれるという好循環
が期待できるからである。学費が高い一流大学は基金も多いので、それを
原資とする奨学金が多数の優秀な学生に提供され、それも優秀な学生を引
き付ける要因となっている。ハーバード大学では、まるまる学費を払って
いる学生はかなり少ないのではないかと言われている。また、一流大学の
教員には給料に加えて子供の学費の大幅な補助（例えばシカゴ大学の教員
の場合、学費の 75%）が出るので、学費が高くてもその子供を大学に入
学させるのに困ることはない。

　学費の高い大学では学費に見合ったしっかりした教育が行われる。教育
の仕組みや実績が外部から厳しく評価されているからである。その上、す
でに書いたように、優秀な学生には学費ゼロでさらに給料（stipend）ま
で払われる博士課程教育が用意されている。優秀な学生をできるだけ伸ば
してやろうというシステムが完備している。

　アメリカでは学費が高いことが、質の高い教育を実践しているという一
つのステータスシンボルになっている。良い教育を受けるには、それなり
のお金がかかるというのがアメリカの一般的な考え方である。アメリカで
は価値があるものはどんどん値段が高くなり、金持ちでないとそれが享受
できなくなり、貧富の差がどんどん広がる。チャンスを目指して世界中か
ら優秀な人が集まり、進歩に貢献し、富が集まる。しかし、それが極端に
なると大きな社会的ひずみを生じて、社会的不安定を招く。

シカゴのメインストリートを歩いているとあちこちで若者が歩道に座り込んで物乞いをしている。アメリカで進んでいる格差の拡大が、麻薬や銃そして若者の無知と結びついて、社会不安を招いている。このような状況を何とか是正しなければいけないということは多くの人によって認識されているが、物の価値がお金で測られるアメリカで歯止めをかけるのは極めて難しい。どのような調整機能が可能なのか、アメリカが直面している大きな課題である。

〈トヨタおよびTTIJからの基金〉

TTIC は 2013 年時点で、トヨタ（TMC）から主に TTIJ を経由して寄付された、1 億 500 万ドルの基金の運用益で運営されていた。トヨタはアメリカ国債での運用しか認めなかったため、2003 年に発足した時は利率が高く TTICが極めて小さかったのでよかったが、その後、利息が下がって、TTIC が成長してくると、その運営に十分な資金が生み出せなくなった。このため赤字が生ずるごとにトヨタから補填されるようになった。TTIC として、国債よりリスクがあるが、運用益が大きいシカゴ大学の基金運用方法（TRIP 方式）を prudent investment vehicle と判断し、それによる投資が認められるよう、2010年からトヨタにお願いしていたが認められなかった。アメリカ人の理事や教職員には、なぜ認められないのか理解できなかった。

TTIC の財政的安定性を実現するため、1 億 5,000 万ドル（6,500 万ドルの赤字補填分と、8,500 万ドルの基金増強分）をトヨタにお願いしてきたところ、2014 年 3 月 31 日にやっと 6,500 万ドルが送金されたが、基金増強分については合意が得られなかった。このままでは毎年赤字を出してそれが補填されるという財務形態は解消されず、2029〜2030 年に補填分も赤字になってしまう。トヨタはいつでも赤字を補填するから安心するようにと言っていたが、このような状態でいるのは accreditation を更新するための条件（大学としての独立性 independence と自律性 autonomy）に照らして問題があると HLC から指摘された。TTIC の教員も、こういう状態ではいつ HLC から accreditation がはく奪されるかわからないし、もし万が一トヨタの経営状況が悪くなった時に基金が来なくなって、経営が破たんしてしまう可能性があるのではないかという

不安が強かった。このため流動性が高い若手教員はともかく、Senior Professor や Full Professor を募集しても他の大学から移ってくる優秀な教員は期待できないのではないかという考えが定着していた。

　HLC からの指摘を受け、TTIC 理事会としてトヨタに改善を粘り強くお願いした結果、やっと 2015 年に 8,500 万ドルの基金増強と 5,000 万ドルの TRIP への投資が認められた。この 8,500 万ドルは 2017 年末までに 3 回に分けて受領し、この結果基金総額は 2 億 5,500 万ドルくらいになることになった。5,000 万ドルの TRIP 投資により、TTIC の単年度収支の赤字体質は解消されて黒字になり、自立への一歩となった。さらに、今後少なくとも 30 年間（望むらくは永久に）安定した経営ができる見通しが得られた。しかし、これだけでは HLC が問題視している TTIC の基金運用に関する自律性を満たさないので、今後の基金運用に関しては、ドナーとしてのトヨタの意思を尊重しつつ、TTIC 理事会が自律的に決定することを認める文書をもらえるようトヨタに依頼し、確認文書を受領することができた。今後は TTIC 理事会として、Finance Committee での検討をベースに、健全性の観点から TRIP と米国債のハイブリッドの運用をしていくことになった。

　2016 年の春の Finance Committee から、2016 年 7 月と 2017 年 7 月にトヨタから受領する 3,000 万ドルと 2,500 万ドルの基金をどのように運用するか（TRIP と米国債運用額の比率）の議論を始めたが、トヨタおよび TTIJ 関係の理事は TRIP 投資に対して大きなアレルギーがあるため、合意を得るのが極めて難しかった。まずは 3,000 万ドルについて、その 30%（900 万ドル）を TRIP 投資し、残りは国債運用することを Finance Committee の勧告として決め、理事会で承認された。理事長を含め TTIJ の関係者は、「ドナーとしてのトヨタの意思」は米国債での運用と考えており、トヨタが認める上限の範囲内での TRIP 投資しかできないと考えている。しかしそのように TTIC 理事会から投資に関する決定権を奪うのは、HLC から TTIC が基金運用に関して自律的な決定ができる仕組みになっていないと判断され、accreditation がはく奪されることになりかねない。理事会としては何としてもトヨタの理解を得ることが必須で、それが不可能であるならトヨタから納得できる説明がほしいと考えていた。

　2016年6月末にイギリスの国民投票でEU離脱が決定されたことによる世界的な経済不安、円高、ドル安により、トヨタは極めて大きな不安材料を抱えることになり、熊本地震と部品工場の火災なども加わって経営状態が悪化した。このため外部への寄付に関して見直しを行うことになり、TTICへ約束されていた2016年の3,000万ドルと2017年の2,500万ドルの寄付に関しても見直しが行われた。残念ながら、これこそがHLCが指摘したTTICの自律性に関する懸念であるが、幸い2016年の7月に、3,000万ドルが予定通りTTICに振り込まれ、その内の900万ドルをTRIPに投資することができた。

　その後、2017年7月にトヨタからの最終の寄付2,500万ドルを受け取ることができた。これに関してもトヨタからは、その受領の前に2,500万ドルからのTRIP投資は最小にすることを確約することを求められていたが、確約することができないので努力するということにしていた。受領を前にしたFinance Committeeでは種々の議論の結果、2,500万ドルの内、とりあえず1,000万ドルをTRIPに投資し、残りの1,500万ドルに関してはペンディングとした。今後はトヨタから受けている基金の投資制約を明確にはずし、TTIC理事会のFinance Committeeを中心として、トヨタやTTIJの意向を踏まえながら長期的な投資計画を練っていくことになった。

〈トヨタおよびTTIJからの自律性と独立性の確立〉

　2016年にTTICの会計監査役から、過去にトヨタおよびTTIJから受け取った基金につけられていた制約について確認を行うことが求められた。このため2016年12月にそれを行ったところ、確認プロセスのはずなのにトヨタからは新たな制約を付けるレターが返ってきた。このレターに関するTTIJの関係者と筆者との事前打ち合わせで（このようなところでトヨタからのレターの内容に関する打合せが行われること自体が、まさにTTIJによるTTICの支配の表れなのであるが）、事実上TRIPへの投資を妨げる制約内容になっていることを筆者が見つけた。そのため、その一部を修正することを強く求め、指摘した部分は修正された。この修正だけでは不十分なのであるが、完全な修正を行うのはTTIJの姿勢から無理と判断し、次のステップで行うことにした。

　トヨタからのレターを受け取って開かれたTTICのFinance Committee会

議で、上記のレター中の文章の残りの問題点を筆者が指摘し、その部分の修正を求めることになった。さらに、その後の理事会で行われた議論で、TTIJ を通していたのでは正しい情報がトヨタに伝わらないので、理事会の代表団をトヨタに直接派遣することになった。2017 年 6 月 12 日に、筆者を含め TTIC の理事 3 名がトヨタの本社（名古屋）を訪問し、交渉の結果、レターが修正されることになり、トヨタからの基金に付けられていた投資制約が解除された。

　次は TTIJ からの基金に付けられている、事実上国債でしか運用できない制約を解除するプロセスに入ることになった。理事長が 2015 年 9 月の HLC-IAC Hearing で、出資者からの独立性は確立したと明言しているので、TTIJ からの独立性も確立しているはずなのであるが、残念ながらこれができていない。そこで 2017 年 10 月の理事会でこの件を議論し、12 月に TTIC 理事会としてこの制約を解除するように依頼する文書を TTIJ の理事会に送付した。2017 年の夏に TTIJ の理事長が別のトヨタ関係者に交代になったので、この文書も TTIJ の新理事長に宛てて送付された。

　2018 年の 2 月に事態打開のため、TTIC 理事長、TTIC 理事会の Finance Committee 委員長、TTIJ 理事長および筆者で電話会議を行い、TTIJ 理事会が対応しやすいように、TTIC からの文書の文言を変更して新たな文書を TTIJ 理事会に送付した。TTIJ 理事会が筆者も出席して 3 月 27 日に行われ、その場で上記の制約解除が認められた。これを受けて 4 月に行われた TTIC 理事会で議論を行い、トヨタおよび TTIJ からのすべての基金について、自主的な運用を行うために Finance Committee および理事会で具体的な運用方法を議論していくことになった。

　TTIC の理事長がトヨタの関係者であるだけでなく、TTIJ の理事長も兼ねていて、この立場の人が TTIC とトヨタとのインターフェースを独占していることが問題を複雑にしていた。HLC からも、このことが TTIC の自律性を妨げていると指摘されていた。TTIC の auditor（監査役）からも、TTIC の Executive Committee（ExCom）Meeting の暫定の議事録を見て、理事長がトヨタの立場を代弁している発言は問題ではないか、HLC からも問題視されるのではないかという指摘があり、このようにとられる発言を議事録から削除することになった。

　トヨタおよび TTIJ 関係者は、TTIC の理事長をトヨタ関係者で継続してい
く意向が強かったが、これをいつまでも続けることはできない。トヨタ関係者
は「TTIC の運営基金として、トヨタ以外からの寄付を集めたらどうか？」な
どと言われるが、トヨタ関係者である理事長が他の企業に寄付を求めに行くの
は難しい。これまで理事長の人選について、理事会は触れることができなかっ
たが、2016 年 10 月の理事会で問題提起をし ExCom でそのルール作りをする
ことになった。

　前述のように、2017 年の夏に TTIJ の理事長が別のトヨタ関係者に交代に
なり、TTIJ の理事長が TTIC の理事長を兼ねているという状況はなくなっ
た。新たな TTIJ 理事長が、任期満了で退任したトヨタ関係の理事 2 名の内の
1 名に代わって、TTIC の新理事となった。もう 1 名は、トヨタから独立の、
ワシントン大学教授に交代した。

　理事長の役割と選考の在り方について ExCom で議論を進め、運営基金集め
と運用に関しては理事長および理事会のサポートの下で学長を主体に行い、理
事長選考では寄付者（トヨタおよび TTIJ）から独立な人を選ぶことが 2018
年 4 月の理事会で承認された。引き続いて、理事から推薦された新たな理事長
候補者 2 名について、6 月の ExCom で審議を行った結果、筆者が 2019 年に
学長を退任することを希望しているため（学長の交代については後述）、その
ときに筆者を理事長に就任させることが ExCom として合意された。この件は
10 月の理事会で正式に審議され、決定された。これにより、創立以来続いて
いたトヨタ関係者が理事長を務めるという慣例が終了することになった。

　なお、上記のペンディングになっていた 1,500 万ドルの基金に関しては、
2018 年 6 月の Finance Committee で議論が行われた。その結果、今後の
TTIC の教員および学生の増加に伴うスペース拡張のために収入増を図る必要
があること、1,500 万ドルを TRIP に投資すると TTIC が所有している約 2 億
5,500 万ドルのほぼ 1/3 を TRIP に投資することになるが、基金の安定性とい
う観点から妥当なレベルと判断されることから、TRIP に投資することになっ
た。理事全員の書面審議でこれが認められて TRIP への追加投資が行われた。
長期的な投資計画の構築については今後の課題になっている。

〈TTIC の躍進〉

　TTIC はコンピュータサイエンスの博士課程だけの大学院大学である。TTIC がカバーしている学術分野は、機械学習（AI）理論、アルゴリズム、計算理論、画像処理、音声処理、自然言語処理、計算生物学、ロボティクスなどである。世界トップレベルの理論研究者を核として、学内および学外の教員間の協力と共同研究が極めて活発に行われている。上記の分野に限れば、アメリカの大学の中でトップ 20 の仲間入りを果たしている。tenure および ten-ure-track 教員のほかに、常に 14 名を上限とする Research Assistant Profes-sor（3 年任期）が雇用され、活発に研究活動を行っている効果も大きい。毎年、教員や学生が種々の国際学会賞などを受賞しており、国際会議での基調講演や招待講演も多数行っている。

　筆者が学長を務めた 6 年 3 か月の間に、以下のような躍進を遂げることができた：tenure と tenure-track 教員は 8 名から 11 名に増加、学生数は 22 名から 35 名に増加、事務職員は 8 名から 12 名に増加、年間予算は約 700 万ドルから 1,000 万ドルに増加、基金は約 1 億 500 万ドルから 2 億 5,500 万ドル（約 260 億円）に増加、14 名の学生が Ph.D を取得した。筆者が学長になる前に Ph.D を取得していた 3 名を加えると、Ph.D は計 17 名になる。その内、把握している 15 名の現在の勤務先は、MIT、コーネル大学、イリノイ大学、カリフォルニア大学サンディエゴ校、カリフォルニア工科大学、ハーバード大学、プリンストン大学、ブラウン大学、エディンバラ大学（イギリス）、スイス連邦工科大学チューリッヒ校（スイス）、Google（2 名）、Microsoft、ベンチャー企業（2 名）である。一流大学への就職が多いのが特徴で、企業も一流のところが多い。

☕coffee break　シカゴの街と暮らし

● シカゴの概要

　シカゴはニューヨーク、ロサンジェルスに次ぐ米国第三の都市で、イリノイ州にあり、人口は 270 万人、近郊を含む都市圏人口は 900 万人である。大阪と友好姉妹都市の関係にある。アメリカ第二の経済および金融拠

(a) ジョン・ハンコックセンターの展望台からの眺望

(c) トランプタワー

(b) シカゴ川と摩天楼

図2.1　シカゴの摩天楼

点で、ニューヨークやロサンジェルスにないゆったりとした良さがある。シカゴに住む人は Chicagoans と呼ばれている。黒人比率が高く（33%)、アメリカの他の都市と同様に貧富の差が大きく、人口の 20% 近くが貧困線以下の生活を送っている。

　アメリカの摩天楼発祥の地である。1871 年のシカゴ大火（映画「Chicago」にあるように、飼われていた乳牛がランプを蹴とばしたことから生じたと言われている）で廃墟となったため計画都市化が行われ、木造住宅を禁止して煉瓦、石造、鉄製の建物を推奨したことから、デザインを

競って沢山の多様な高層ビルが建てられ美しい街になった。戦後世界一の高さを誇っていた、現在でもアメリカで最も高いシアーズタワー（現在ウィリスタワー、442 m）、トリビューンタワー（映画「スーパーマン」の舞台）、ジョン・ハンコックセンター、トランプタワー（鉄骨を使わない世界最大のビル）などが有名である（図2.1）。

　アメリカの東でも西でもなく、その中間にあって、ハブとして人が集まりやすいため convention city と言われ、大きなイベント施設や会議場がある。また、ボーイングなどアメリカ主要企業の本社がある。

＊

　九州と四国が入ってしまう、海のように広大（世界で5番目に大きい）で青く澄んだ美しいミシガン湖に面し、ミシガン湖に沿って自転車道、ジョギング道およびビーチがある。ミシガン湖はシカゴの水道水の水源になっている。五大湖はすべてつながっており、スペリオル湖を除く4つを巡る船のツアーもある。ちなみに「ミシガン」は、チペワインディアン語で「大きな湖」という意味らしい。

　シカゴには空港が2つある。オヘア国際空港は滑走路7本を持つ巨大空港で、成田から JAL、ANA、UA、AA の直行便があり、便利である（行きは11時間半から12時間、帰りは13時間15分から13時間半のフライト）。日本人の旅行者にとっては国内線との乗り継ぎで利用する人が多いが、降りてシカゴの街へ行く人は比較的少ない。オヘア空港からシカゴ大学および TTIC があるハイドパークまで、車で交通状況により40分から1時間半かかる。もう1つの空港はミッドウェイ空港で、こちらの方がハイドパークから近いが、基本的に国内線の空港である。

● 生活

　シカゴは沢山ある公園、ミシガン湖のビーチ、無料の動物園、夏の無料コンサート、沢山ある博物館や美術館などから、家族が生活するのに適したところと言われている。

　市内（downtown）では "Magnificent Mile"（Michigan Street）が中心街である。"Loop" と呼ばれる高架鉄道が有名で、シカゴを舞台とする映画によく出てくる。市街の中心をシカゴ川が流れていて、その上に沢山の

(a) シカゴ科学産業博物館

(b) 美術館

(c) ミレニアムパークの観光名物・ビーン

(d) 野外音楽堂

(e) シンフォニーホール

(f) ミュージカル劇場

(g) バッキンガム噴水

図 2.2　各種の文化施設

橋があり、川を航行する遊覧船から多様な美しい高層ビルを見るツアーが有名である。世界トップにランクされている美術館（Art Institute of Chicago）が有名で、印象派の絵などが豊富にあり、すぐ近くで見ることができる。アジアの豊富な展示物は日本政府からの資金によるものである。Field Museum（自然史博物館）や科学産業博物館も素晴らしい（図 2.2）。

(a) シカゴ・ジャズ

(b) 独立記念日前夜の野外音楽堂での特別コンサート

図 2.3　ジャズとコンサート

　ジャズやブルースのメッカで、シカゴジャズ、シカゴブルースが有名である（図 2.3）。ジャズクラブでは、5〜20 ドルの安いカバーチャージで、世界トップレベルの躍動的なライブを楽しむことができる。Chicago Symphony Hall でのシカゴ交響楽団も有名である。夏には無料のシカゴ交響楽団の野外音楽会や Grant Park Music Festival 専用の交響楽団による野外音楽会、Chicago Blues Festival、秋には Chicago Jazz Festival が行われる。7 月 4 日の独立記念日は市内でいろいろな催しがあり、Independence Eve Festival Concert が楽しい。ミシガン湖畔のあちこちで花火が打ち上げられる。カブスとホワイトソックスの 2 つのプロ野球チームがあり、シカゴ市民がどちらかのファンに二分されている。

＊

　市内は公共交通機関が発達しており、ほぼ車がなくても生活できる。空

港から市内まで地下鉄がある。ただし冬の極寒時は外を歩けないので、移動には車の利用が不可欠になる。中距離通勤電車（METRA）で、市内からシカゴ大学まで 17 分で行ける。設備は極めて旧式で、市内のターミナル駅では入線するプラットフォームが直前まで決まらず、乗る人は直前まで表示板の前で待っている。改札口がないので車掌が切符を切りに座席まで来る。寝ていると文字通りたたき起こされる。その場合のために、座席の背もたれに切符を挟んで置いておくところがある。最近ではスマホで料金が払えるようになった。長距離列車はすごく遅れることがある。ME-TRA も車両故障とかで 1 時間に 1 本の列車がキャンセルになってしまったことがあった。日本ではありえない、いいかげんさである。郊外で生活していると車が必須で、ラッシュアワーの車の渋滞が激しく、通勤が大変である。TTIC の職員でも、片道普通 1 時間くらいのところを 2 時間半かけて出勤して来たことがあった。

　ホテルの料金の高騰が最近著しく、需要と供給の関係で極端に変化する。2013 年 6 月の初めにホテルを予約したら、普段 1 泊 2 万円のところ、大きな会議が開催されたため 1 泊 7 万円に跳ね上がってびっくりした。ダウンタウンの駐車場もすごく高い。

　ダウンタウンに良いレストランが沢山ある。観光客に有名な食べ物は deep dish pizza と BBQ Ribs（スペアリブ）とステーキと Chicago hotdog である。Chicago hotdog はあまりおいしいとは思わない。Deep dish pizza で有名なお店は、（筆者自身は行ったことがないが）Pizzeria Uno と Pizzeria Due で、ダウンタウンにある。後者は前者の 2 号店で、前者の近くにあり、前者が混んでいるときに行くといいらしいが、いずれにしても deep pizza なのと人気なので、出てくるまでに 40 分くらい時間がかかるらしく、時間の余裕を見て行った方がよいと言われている。Deep dish pizza には、お店によっていろいろなバリエーションがある。日本食が流行っていて日本食レストランが 400 もあるらしい（品質はさまざま）。プロのジャズを楽しみながら食事ができるところ（Andy's Jazz Club & Restaurant など）や、シーフードのお薦めの店（Shaw's Crab House, Joe's Seafood, Prime Steak and Stone Crab など）もある。

＊

　全米で共通の課題だが、公立の小中高校は良い学校と悪い学校の差が大
きく、私立の学校は小中高校でも学費がすごく高い。シカゴ大学の中にあ
る附属学校 Lab School は人気が高く、シカゴ大学の教員の子供でないと
なかなか入れないが、TTIC の教員の子供は特別に入れてもらっている。
入れても学費が高いが、良い先生を大学に引き付けるため、大学が職員の
子供の教育費の一部（学費の半分）を負担している。アメリカの大学では
大学生の子供の学費に関しては負担するのが普通で、K-12（小学校に入
る 1 年前から高校まで）については負担する大学としない大学がある。

＊

　2015 年から毎月、基本的に 2 週間 TTIC に滞在することになったので、
シカゴ滞在中に週末が 2 回入ることになった。週末の楽しみとして、冬は
Symphony Hall、夏は Grant Park でのコンサートがあり、本場のジャズ
やブルースの演奏も安い料金で楽しむことができる。運河とそれぞれ特徴
のある高層ビルを見ながらの市内の散策も楽しい。テニスができる TTIC
の学生や事務職員とシカゴ大学や市のテニスコートでテニスをしたり、ミ
シガン湖沿いのジョギングおよびサイクリング専用道路を、ジョギングし
たりサイクリングしたりするのも楽しい。専用道路は信号がないので、ア
パートから市内まで 30 分から 40 分で行くことができる。ただし 11 月か
ら 4 月までは極めて寒くなり、真冬は雪が積もるので、屋外スポーツは天
気の特に良い日に限られる。

● 気候

　緯度は函館とほぼ同じだが、シカゴの冬は極めて寒くて北風が強い。シ
カゴは "Windy City" と言われている。筆者にとって初めての 2014 年の
冬は記録的な寒さで、11 月から 3 月くらいまで最高気温が 0℃を超えな
かった。最高気温がマイナス 16℃、最低気温がマイナス 27℃といった日
が続き（華氏でマイナス 10℉（約 -23℃）以下になった）、湖全部が凍る
わけではないが、ミシガン湖が見渡す限り氷で埋め尽くされた。ここまで
寒くなるとそのまま息をするのは困難で、肌を不用意に外に出すと数分で
凍傷になる恐れがあるので、なりふり構わず、目以外はマフラー、帽子、

コート、ズボンカバー、ブーツで完全武装する。

　さらさらの粉雪が横殴りに降り、歩くときゅっきゅっと音がする。歩道は除雪をした後、ものすごい量の塩をまいて雪を解かす。塩が自然に害を及ぼさないのか心配になる。春が近づき、ときたま気温が上がって雪が解け、また凍ると、滑って危険で、歩くときは要注意である。その上に薄く雪が積もっていると氷が見えないので、特に危険性が高い。

　2016 年 12 月にマイナス 30℃の日が 2 日間続いた。幸い授業期間が終わった後で、業務に影響はなく、著者も日本に帰っていたので厳しさを実際に体験することはなかった。シカゴでの最低気温の記録は 1985 年の 1 月 20 日の、華氏でマイナス 27°F度（摂氏マイナス 33℃）だそうである。

　2019 年 1 月にマイナス 31℃の予報が出て、「寒さと風で体感温度がマイナス 45〜50℃になり、肌を出していると凍傷の恐れがある」との警告が出され、シカゴ大学および TTIC が休校になった。ちょうどシカゴから東京に戻る日で、国内線の多くがキャンセルになったが、JAL のシカゴ〜東京のフライトは「飛ぶ予定」だったのでオヘア空港に行った。寒さのため給油トラックの手配ができないとのことで 9 時間空港で待たされた上、成田の深夜の着陸制限に間に合わなくなり、24 時間遅れということになった。いったんアパートに帰り、翌日の同じ時間のフライトで東京に戻った。

　アパートから TTIC まで歩いて 10 分あまりの距離だが、特に寒い日は Uber タクシーを使うことにした。2 分しか乗車しないが、Uber タクシーだと目的地を指定して呼ぶので近距離でも悪びれる必要はなく、料金が距離と時間で決まっていてチップを払う必要もなく、カード引き落としなので便利である。

　高速道路の橋の区間は寒さで凍結しやすいので、極めて危険で、交通事故がしょっちゅう起こる。そこが坂になっている場合、止まると動き出せなかったり、横滑りしたり、後ろ向きに滑り降りてしまうことがあるので、事故があってもみんなできるだけ止まらないように走り続けるとのことである。

　「危険な気候」の日は、シカゴ大学（連動して TTIC も）の授業が休講

になり、事務職員も自宅待機となる。小中高校では、休校になると授業日数を満たすため、春の学期の終了が夏休みに食い込むことになる。危険な気候の日が予報されると、物資の不足を予想して皆がスーパーで買い占めるので、物がなくなってしまう。卵や牛乳の棚がからっぽになっていてびっくりした。雪で入荷がないのかと聞いたら買占めとのことであった。

　1年を通じて日々の気候の変化が大きく、4月でも雪が積もることがあり、6月でも暖房が必要な日がある。晴れていても急に掻き曇って雷雨になり、しばらくするとまた晴れるというように天気が変わりやすく、1日で20℃くらい気温が変化することがある。夏は快適で、夏時間ということもあり、日が長いので遅くまでいろいろなことが楽しめる。暑くても湿度が低く、夜はシャツ1枚では寒いくらいに涼しくなる。エアコンが必要な日は限られているので、つけていない家が多い。

● 治安と貧富の差

　「アル・カポネ」（1920年に施行された禁酒法時代のシカゴのマフィアのボス）が有名で、一時のシカゴはマフィアによる血なまぐさい事件が日常茶飯事で起こるような危険な街だった。その汚名返上のため、市では街の治安を悪くするようなことに関しては厳しく対応していると言われており、そのため昨今では、大都市の中でも比較的安全な街として知られている。多くの人はシカゴに数年滞在していても、普通は一度も拳銃を目にすることはない。

　しかし依然として、2012年の統計によれば、シカゴ市（人口270万人）と東京都（人口1,300万人）を比較すると、シカゴでの1人当たりの事件発生率は殺人が20倍、強姦が40倍、強盗が120倍である。

　アメリカの他の都市と同様に、比較的安全なところと危険なところが分かれている。人通りの多い都心は問題ないが、市内から南や西へ少しはずれると危ないところがある。都心からシカゴ大学まで南へ11 kmくらいだが、その間や大学の南へ行くと危ないところがあるので、迷い込まないよう注意が必要である。

　シカゴ大学があるハイドパークの大学周辺でも財布や携帯電話を強奪する事件が頻繁にあり、深夜に銃撃事件が連続して2件起きたことがあっ

た。2015 年 11 月 30 日には FBI のテロ対策官からシカゴ大学へ、大学の
中心 Quadrangle を狙った銃によるテロの予告があったとの連絡があり、
大学が終日休校となった。TTIC も連動して休校措置を行った。午後に
なって FBI からシカゴ大学に、容疑者を逮捕したとの連絡が入ったが休
校は 1 日続けられた。

　シカゴ大学のキャンパスやその近くで強盗や銃撃事件が起こると、大学
の警備部門（大学警察）から警告メールが流れる。トランプ前大統領が就
任してから、このようなメールが来る頻度が増えた。

　高級デパートがにぎわっている一方で、市内の路上のあちこちに物乞い
をしている人がいる。貧富の差が拡大しているアメリカ社会（年収 20 万
ドル以上の 5% の人たちと、それ以外との断絶）と銃の所持が、発砲事件
の 1 つの要因である。シカゴで毎年 500 人以上が殺されているが、発砲事
件のほとんどが凶悪性を知らない（遊び感覚の）若者によるものと言われ
ており、犠牲者も若者が多い。貧富の差の拡大が若者から将来への夢を
奪っている。

　Michael Moore 監督の映画「Fahrenheit 9/11（邦訳：華氏 911）」でも
描かれているように、アメリカの貧富の拡大と分断が、政治、経済を含め
極めて大きな社会的問題を生じている。

　銃の所持規制に関しては依然としてアメリカ国内に反対が多く、2016
年 8 月からテキサス州では、21 歳以上の銃所持許可証を持っている者は
「抑止力として」公立大学に銃を持ち込んでよいことになった。アメリカ
国内の 8 つの州では以前からこれが許されている。TTIC があるイリノイ
州では幸いまだそうなっていない。許されている州でも大学が自主的に、
研究室、教授室、事務室などを持ち込み禁止にしているところもあるが、
どれだけの実効性があるか不明で恐ろしいことである。

＊

　タクシーの運転手（ほとんどが中東、アフリカなどからの移民や難民）
と話をすると、毎月レンタルフィーを払ってタクシー会社から車を借り、
ガソリンは自己負担で、年収は 3 万ドルくらいしかなく、保険もないとの
ことである。このためガソリン代が節約になるトヨタのハイブリッド車

（カムリ、プリウス）が、シカゴのタクシーの半分以上を占めている。ノースウエスタン大学で会計学を学んでいるというモンゴルからの学生（アメリカに来てから 2 年半）が、アルバイトでタクシーの運転士をしているのにはびっくりした。他にアルバイト口がないとのこと。また、エチオピアから来て 1 年経ったが仕事がないので、1 週間前にタクシーの運転手になったというケースに遭遇し、空港からハイドパークまで続けてハイウェーで行けることを知らず、市内に下りてしまったのにはびっくりした。最近は Uber の影響でタクシーの儲けが少なくなっており、2016 年 2 月頃からタクシー料金が値上げされた。結果として、オヘア空港とハイドパーク間で、タクシー（75 ドルくらい）だと Uber（45 ドルくらい）の 1.5 倍以上の料金がかかるようになった。これでますますタクシー離れが起こると思われる。

　Uber は、別の仕事を持っている人や退職した人、失業中の人、主婦などがアルバイトとして運転しており、ユーザが利用するごとに運転者を採点するシステムになっていて、その成績が公表されるので、どの運転手もまじめかつ比較的安全運転に努めている。タクシーよりも事故率が低いという統計もある。ただし、所詮素人なので、例えばオヘア空港から乗った場合、筆者のアパートのあるハイドパークには行ったことがないとか、逆にハイドパークから乗るとオヘア空港の各ターミナルへ行ったことがないといったことが起こる。ハイウェー I-90 からハイドパークへの Lake Shore Drive 道路へ降りる時に南北逆の出口を出てしまってシカゴの街中まで北上し、U ターンをしなければならなくなった時もあった。とんでもないところに行ってしまわないように、時々注意している必要がある。Uber の運転手と雑談をしてみると移民が多く、いろいろな経歴の人がいるので、アメリカ社会の縮図を見るようで面白い。

第3章　アメリカの教育システムと文化

〈大学院の位置づけ〉

　アメリカは、国家ができる 100 年以上も前から私立大学が存在していたという珍しい国である。最初の大学はハーバード大学で、1636 年に創立された。清教徒たちがアメリカに移ってきた 16 年後である。アメリカには軍関係の大学を除いて、国立大学はない。日本の文部科学省のような働きをする組織もなく、大学には国からの規制がないため、現在のような世界一の大学国に発展してきたとも言える。

　アメリカは高校までが義務教育で、アメリカの教育は大学院まで行くことが前提に考えられている。平均的な人が大学で学ぶときの難易度だけを比較すれば、アメリカのレベルは日本のレベルから 1〜2 年遅れている。アメリカの方がゆっくり学ぶ形になっている。アメリカの大学は文系、理系、芸術系などの違いはない。途中で変わってもよいし、並行して専攻してもよい。本格的な専門は大学院で学ぶ。

　アメリカでは Ph.D. を持っていることがよい職業に就く上で極めて重要である。コンピュータサイエンス分野について言えば、Ph.D. を取得した者の 55.5% が industry（主に研究職）に就職し、残りのほとんどは academia に就職する。就職できない人はわずかである。世の中の流れを受けて、MIT の学生の 6 割はコンピュータサイエンスを学んでいる。最近では、アメリカでコンピュータサイエンスの Ph.D. を取得する学生の約 6 割が、中国などからの non-resident aliens（非居住外国人）で占められている。

　Ph.D. までは必要としないプロフェッショナル教育も大学院で行われ、法律、会計、企業経営者、企業幹部、教師、学校経営者、行政の政策立案者、ケースワーカーなどの実務家が養成されている。スペシャリストとして知識やスキルを持ち、社会やビジネスで成功するためには大学院に進学する必要があ

る。

〈格差〉

アメリカでは 1980 年代から貧富の格差拡大が顕著になり、近年は上位 1%
の富裕層がアメリカの全所得の 20%、上位 10% が全所得の約半分を占める状
態が続いている。上位 20% まで含めると全所得の 8 割を超える。下位 4 割の
収入は 0.3% に過ぎない。8 人に 1 人は貧困状態にあり、6 人に 1 人は健康保険
を持っていない。下位 20% と上位 20% の家庭に生まれた子の約 4 割は、成人
後もそれぞれ同じ所得階層に留まっており、先進国の中ではイギリスに次いで
世代間移動が低い。これまで金持ちは成功例とみなされ、経済格差そのものは
あまり問題視されなかったが、現在のように格差が極端に大きくなってくる
と、それを問題視する雰囲気も広がりつつある。

9 割以上の子供が（高校までは）公立学校に通う国だが、その財源は州から
のわずかな補助金（state aid）と各地域の住民から集めた学校税（school tax）
および固定資産税なので、教育現場の格差が大きく、よい学校はエリート層が
住む地域に集中している。幼稚園から大学までよい教育を受けるためには、学
校を資金的に支える高額納税者が多い地域に住むか高い学費の学校に入学させ
ることが必須で、金持ちでないとよい教育を受けるのが難しい。親は自分の価
値観を子に奨励するから、親の学歴が財力とともに子の学力向上に影響を与え
る。このためエリート層の世襲化が進み、エリート層の子供が、その他大勢の
子供たちよりも「親の社会的地位を相続するに値する実力」を持つようになっ
た。「成功は生まれではなく能力と努力次第」というアメリカンドリームが神
話になりつつある。

〈教育システム〉

アメリカの小学校では 1 年生の時から、国語、算数などの時間に能力に応じ
たグループ分けが行われ、例えば 25 人の生徒がグループに分かれて、程度の
違う 7 冊のテキストで勉強したりする。学年が新しくなるごとに担任の教師が
自分の方法でテストし、組分けする。このため、元々あった能力の差を一層大
きくするような学校教育を受ける。高校にもなれば英語、数学、理科、社会、

体育の必修科目でも、レベル（難しさ）の異なる複数の科目から選択でき、日本の大学のような多様なコースや科目を生徒が自由なスケジュールで自由に選択して学べるようになる。高校も大学と似た単位制で、学びたい科目を選ぶことができ、夏休みに単位を取って早期に卒業することもできる。「多様性は力なり」という教育がされており、日本の教育とは逆である。

　高校では試験の点の近いもの同士が答案を見せ合って、自分が不公平に採点されていないか調査し、不服なことがあれば担当の教師に面会を求め、訂正を申し入れる。これは期末試験の答案だけでなく、期末の成績表にまで行われる。学期の始めに各教師から、各週の小テスト（quiz）、期末試験、教室での態度、リポート、科学関係の実験報告の結果などが、それぞれ何％の割合で期末の成績に組み込まれるか前もって知らされている。成績が公平につけられているかどうかの評価は大学の授業でも行われる。

　学校と家庭での子供に対する責任の取り方がはっきり分かれているので、日本と違って親が教師の教え方に口を出すことは普通は行われない。

　トップレベルの大学は、少数の州立大学を除いてほとんどが私学で、学費は年額500万円以上と高いが、エリートは給料の一部として子供の学費に対するサポートを受けている（TTICの教職員も同様）。奨学金を受けることもできる。大学の資金獲得競争が厳しさを増し、高額所得者と卒業生の子の入学があからさまに優先されるようになった。ただし、多くの大学で、年額世帯収入が例えば6万ドル未満の場合は学費を免除するなどの制度もある。

　アメリカの大学で仕事をしていると多国籍の人の集まりであることを実感する。アメリカの大学に在籍する留学生の出身国・地域は220以上に及び、その数は90万人に達する（2014年）。アメリカはもともと移民大国であるが、現在でも多数の難民を含めて毎年約70万人の移民を受け入れており、アメリカの一流大学の教員や学生は、そのかなりの部分が国外で生まれた人で占められている。

〈コミュニティカレッジ〉
　これまでに述べてきたように、アメリカの大学のほとんどは私学であるが、地域に密着した公立大学としてコミュニティカレッジ（community college）

と言われる2年間の日本の短大のような大学があり、いずれも州立である。コミュニティカレッジは1,000以上あり、1,000万人以上の学生が通っている。オープンアドミッション方式なので誰でも入学できる。州立の4年制大学への転学（編入）を前提とした大学前期教育と、中堅技能職（セミプロフェッショナル）の養成を目指す職業教育および成人・生涯教育を提供している。職業教育や成人・生涯教育は、人的資源の開発を通じて、地域経済と地域社会（コミュニティ）を発展させるという効果をもたらすものと認識されている。

　4年制大学への転学課程（transfer program）では、コミュニティカレッジの学生が4年制大学への転学に必要なすべての単位を取得すれば、一定の人数の範囲内で転学することができ、そこで学士号取得に必要な単位を満たすと学士号が授与される。コミュニティカレッジで取得した単位は4年制大学での学士取得に必要な単位に加算される。転学プログラムで教えられる科目は原則として4年制大学への接続（articulation）が可能、すなわち4年制大学への転学後に大学前期課程科目として単位認定がされるような科目（日本の大学の教養科目のようなもの）となっている。コミュニティカレッジの学生のうち、4年制大学に転学する割合は25％程度と言われている。州立の4年制大学には、一定数の学生をコミュニティカレッジから受け入れることが義務づけられている。一方、職業教育課程の修了時には、技能の獲得を証明する修了証が授与される。

　アメリカで最初の2年制の短期大学が設立されたのは1900年代初めのイリノイ州で、当時のシカゴ大学学長が「既存の高等学校の上に2年間の教育課程を設けてはどうか」という提案をしたのがきっかけと言われている。

　コミュニティカレッジは比較的安い学費で、学習の機会を各地域のあらゆる層の学生、すなわち伝統的な高校卒業生から働く成人、そして高齢者にまで提供しており、低所得者家庭出身の学生、少数民族、そして新規の移民たちにとって、高等教育への出発点となっている。州立の4年制大学の半額あるいはそれ以下の安価な授業料で、4年制大学への転学というチャンスを得ることができる。また、高校卒業時点で4年制大学入学基準に達していない学生にセカンドチャンスを提供する場にもなっている。コミュニティカレッジの学生の約6割が主に夜間コースに通うパートタイム学生で、また半数以上が女性であ

る。最近ではオンライン授業も活用して、働いている人や育児をしている人の便宜を図っている。時代の流れや社会の変化に応じてニーズの高いスキルの訓練に力を注いだり、カリキュラムを新設したりといった柔軟性も発揮している。ただし、簡単に入学できるため教育の質を維持するのは容易ではなく、コミュニティカレッジを実際に2年間で卒業する人の割合は15%以下と言われている。

〈個人主義〉

　アメリカでは個人主義が徹底していて、他人の生活には立ち入らない。自分のことは自分で解決するのが原則で、自分のことは自分で守るという意識が強い。その結果、人と人との関係が希薄で、夫婦間でも独立性が高い。この意識が、社会的に銃規制ができない背景にある。「人民が武器を保有しまた携帯する権利」を憲法で認めている（ことになっている）のは、世界中でアメリカとグアテマラとメキシコのみである。

　アメリカでの銃を保有する権利の根拠は、憲法修正第二条の「規律ある民兵は、自由な国家の安全にとって必要であるから、人民が武器を保有し、また携帯する権利は、これを侵してはならない」という条文にある。銃規制推進派と規制反対派は、この解釈で真正面から対立している。前者は、これが制定された1791年当時の民兵、現在の州兵の一員となる限りにおいて、市民の武器保持の権利が認められる、との州の権利を保障したものだと主張し、銃規制は憲法問題ではなく公共の安全確保の問題だとする。これに対して後者は、連邦中央政府権力の専制化を見張り、市民の自由を守るのに不可欠な個人の権利であり、アメリカ民主主義の生命線だと反論する。この州権説対人権説の対立は、人種差別問題ともからんで、アメリカの政治、社会活動全体にそのまま持ち込まれており、長年、後者、すなわち規制反対派の方が優勢になっている。

　アメリカには、外敵には「勇ましく」武器で対抗できるように準備しておかなければならないとか、悪は武器で倒さなければならないとか、素晴らしいアメリカの民主主義は武器を使ってでも外国に広める役目があるといったDNAがあり、これが国内的にも国際的にも種々の問題を生じさせているように思う。

〈アメリカ文化の１コマ〉

アメリカでは完璧を目指さず、目的が達成できればよいという文化的性格が強い。例えば、シカゴの市内と郊外との間に走っている電車 METRA を使うと、市内からシカゴ大学近くの駅まで 17 分くらいで、徒歩の時間を加えても一番早く来れるが、丈夫そうだがしゃれていない電車で改札の設備はなく、切符は車掌が車内に切りに来る。高速道路は自動課金がメインだが、たった１ドルとか２ドルの通行料をとるために、今でもブースが並んでいて人が集金している。

アパートのケーブルテレビがオフラインになってしまうことが時々あるが、しばらく待っていると直る。アパートのバスルームの天井から水漏れがあり、修理をしてもまた水漏れになってしまったので文句を言ったら、今度は完全に直してくれた。アパートのエレベーターが動かなくなり、古いエレベーターなので部品がないとのことで、１か月も待たされたことがあった。10 階に住んでいたが、幸い荷物用のサービスエレベーターが使えたので何とかなった。

2016 年の９月のある金曜日の午後３時頃に、アパートの住人全員に「アパートが停電になっていて、午後７時半頃に回復の見込み」というメールがあったので、外で夕食をして７時半過ぎにアパートに戻ったが回復の気配がなく、管理人に「8 時くらいらしい」と言われたので 10 階まで階段を歩いて上がり、真っ暗な中をやっと部屋の鍵を開けて入った。冷蔵庫の中の食品が傷むと困るので、各部屋の窓を開けてできるだけ涼しい空気が入るようにした。夏でなくてよかった。しかし回復の気配がなく、「9 時くらいの予定」というメールが来たが 11 時過ぎても回復せず、「地域一帯の停電なので当分直りそうもない」というメールが来てしまったのでそのまま寝ることにした。翌朝（土曜日）になっても回復せず、仕方ないので冷蔵庫の中の傷むと困るハムなどを片付けることを兼ねて簡単な朝食をして、TTIC の学生とテニスをし、お昼前にアパートに帰ったら電気が回復していた。冷凍室のアイスクリームがソフトクリームになってしまったが、それ以外の目立った被害は幸い確認されなかった。それにしても嵐があったわけでもないのに 20 時間近くも住宅地で停電するというのは、日本では考えられないと思う。

TTIC のある教員一家が、シカゴのダウンタウンの北のリンカーンパーク

（Lincoln Park）の民間アパートに住んでいて、あるときその下水設備が壊れてしまい、そのアパートの住人全員が1か月住めなくなってしまったので、その家族のために、私のアパートを私の不在時の2週間貸してあげたら喜ばれた。これも日本ではありえないように思う。

　TTICの学位授与式で着るアカデミックガウンをレンタルしたら、チャックがしまらなかったので代替品を注文したら、式までに送るという約束が守られず間に合わなかった。仕方ないので裏からガムテープで止めたら何とかなってしまった。また、10周年記念冊子の製本が不良でページがバラバラになってしまい、やり直しを命じたらパーティーにぎりぎり間に合ったということもあった。

　商品を購入して、それが本来の目的に合っていなければ、自分の間違いであってもかなり自由に返品や交換ができる。このためスーパーマーケットには大きな返品コーナーがある。電話をかけ間違っても、請求すれば電話料金が返ってくる。ドレスを買ってパーティーに着て行って、「気に入らなかった」と返すような人もいるらしい。

　大学やアパートとシカゴ市内との往復や、オヘア空港とアパートとの往復には、以前はタクシーを使っていたが、その後、Uberを使うようになった。あるとき乗り終わって運転手の評価も終えた後、翌日になって追加料金の引き落とし通知があった。おかしいのでUber Supportに問い合わせたところ、運転手から5人以上乗車したので大型車の料金が請求されたとのことであった。それは事実に反することを伝えたら追加分を払い戻してくれた。黙っていればそのままになってしまうが、文句を言えば簡単に修正される文化である。

〈チャレンジ精神〉
　他の国の憲法とは異なり、アメリカ合衆国憲法の修正は主要条項の改定や挿入ではなく、現行の条項に新しい条項を追加していくスタイルを採っている。古く使われなくなった文章を消し去ったり無効にされたりした条項はない。予測される国の成長に応じた変化に対応して憲法を持続していくならば、時を追って変わっていく必要性があることを認識している。「試してみて、まずかったらやめる」という精神である。

　一方で、美しく整備された広い公園や大学、建物、市街地など、インフラに大きな投資がされている。2015 年のミシガン州フリント市の水道のトラブルのように、貧しい人が住んでいる地域では税金不足でひどいインフラのところもあり、アンバランスが激しい。

　これらがチャレンジ精神の原点なのかもしれない。アメリカの社会は「(アメリカ人の多くが信じていない）進化論」的（淘汰の）アプローチが広く受け入れられており、多数のベンチャー企業を走らせて、結果として生き残った会社に投資するということが普通に行われている。

　アメリカ社会ではキリスト教の影響が大きく、国民の多くが進化論を信じていない。トランプ前大統領への支持と合わせて、アメリカの不思議な（異常な）側面である。ある意味、単細胞的なところがある。トランプ氏を最終的な大統領候補として選んだ 2016 年の共和党大会の熱狂ぶりは異常としか思えない。危険な感じさえする。

　聖書：「常に真実を語り、嘘を語らない」が根底にある。イギリス人、アメリカ人（アングロサクソン）の人たちは、絶対に嘘をつきたくない、嘘をついてはいけないと考え、嘘を強く嫌っている。（イタリア人は、知らないことでも、嘘をついても、相手に答えようとすると言われている。）

　最近、日本の行政や政治で、嘘をついたり、書類を改ざんしたりすることが横行している。アメリカではあり得ないと思う。アメリカでは大学に提出する立替金の領収書でもコピーで問題ない。これは嘘や改ざんをしたら、社会から抹殺されるということが当たり前になっているからであろう。このアメリカと日本の違いの原因は何だろうか？　宗教なのだろうか？

〈医療制度と医療費〉

　アメリカの国民 1 人当たりの年間医療関連支出額は際だって高く、約 1 万ドル（110 万円くらい）で、OECD 諸国平均の 2.5 倍、日本の 2.2 倍くらいである。その理由の 1 つは、アメリカの医療費がどこの国よりも高額であることである。日本では個々の診療行為・サービスを点数化する診療報酬制度に基づいて医療費が決まっているが、アメリカでは公的医療保険制度である Medicare

や Medicaid に関する支払いレートの設定を除き、医療機関の自由裁量で医療費が決定される。

　高額な医療費はアメリカ国民の生活に重くのしかかっており、アメリカでは「医療費支払い」が自己破産の第一の理由になっている。高額な医療費支出を防ぐためには医療保険に加入しておくことが必要だが、オバマケアのような公的医療保険制度の拡充には反対する人が多く、民間の医療保険に加入している人が多い。医療保険に入っていない人も沢山いる。民間の医療保険の場合、保険会社が契約していない医療機関を利用すると自己負担が大きくなる。

　日本では風邪を引いたくらいでも、すぐに病院で診療してもらうことができるが、アメリカでは救急の場合を除いて、数週間前から予約しておかないと診療を受けることができない。このため、どこの街にも大きなドラッグストアがあって繁盛している。日本の薬局では売っていないような強力な薬も手に入れることができるが、危険性も大きい。アメリカで生活していると、日本にいるとき以上に病気にならないように気を使う。日本の医療制度がいかに優れているかを実感する。

☕ coffee break　中古フルート顛末記

　シカゴでの仕事を始めて丸2年が経過し、冬を中心にシカゴで時間の余裕ができたので、中学生の頃からやっていて、最近数十年間はほとんど触っていなかったフルートの練習を復活することにした。まずはフルートを製造した東京の「ムラマツ」に持って行ってオーバーホールをしてもらい、日本の自宅で少し練習してからシカゴに持って行って、アパートで練習を始めた。長いブランクがあったので最初は音がうまく出ず、出てもよい音が続かなくて困ったが、少しずつ改善されていった。そうすると毎月シカゴと東京を往復す

図3.1　TTIC でのフルート練習風景

るたびにフルートを持って移動するのは面倒で、楽器にも良くないと思ったので、シカゴの Symphony Hall の近くに楽器店を見つけ、中古のフルートを買うことにした。在庫品をかたっぱしから吹いてみて、一つ吹きやすいのがあったので購入した。元の持ち主があまりちゃんと手入れをしていなかったようでかなり汚れているのが気になったが、ムラマツでのオーバーホールの代金の半分くらいで買うことができた。アメリカで最もメジャーだという「Armstrong」というフルートメーカーの楽器で、ムラマツのフルートとは吹いたときの感じが違うが、それはそれで面白い経験になると思った。

　ところが1か月くらい使って、あまりに汚れているのが気になり、しかも前の所有者に原因すると思われる変な臭いも気になったので、自分で綺麗にしてみようと思っていろいろ調べていたら、小さなコルクの部品が剥がれかけているのに気づいた。それで、これを修理してもらおうと思い買ったお店に持っていったところ、運悪く店主が不在で、代わりに出てきた女性の店員が「残念ながら、この店専属の修理工が最近亡くなってしまったが、この Michigan Avenue を3ブロックほど南に行ったところに楽器工房がたくさん入っているビルがあって、その中にフルート工房もあるので、そこに持って行ってみたらどうか」と言われた。それでその工房に行ったところ、如何にも職人と思われる年取った男が沢山の機械に囲まれて座っていて、フルートを見せたところ、吹いてみてもいいかとのことであった。以前はプロのフルート奏者だったが、今は修理を仕事にしているとのことであった。それで吹いてみてもらったら、「気の毒だが、これはひどい楽器を買わされたものだ。あちこちから空気がもれていて、これを修理すると安い楽器を買うより高くつく。最近は日本やアメリカよりも人件費が安い中国で、結構よいフルートが作られているのでそれを買った方がよい。」とのことであった。それで空気漏れとは関係ないコルクの部品の修理だけ頼み、翌日日本に帰国しなければならなかったので、新たに安い新品のフルートを買うことにして注文した。

　2週間後にそのフルート工房に行って、コルクだけを修理された中古のフルートを受け取り、用意しておいてもらった「Jupiter」というアメリ

カブランドで中国製の新品のフルートを試しに吹いてみた。そうしたらとても吹きやすく、1か月前に買った中古のフルートだけでなく、日本で大事に使ってきたムラマツのフルートよりもずっと使いやすい感じであったので、それを購入した。2か月くらい経ったら楽器の点検をしてあげるから持ってくるように、その後もいつでもチェックをしてあげるとのことであった。

　それから中古のフルートを持って、買った楽器店に行き、工房で言われたことをそのまま伝えたところ、「絶対そんなはずはない。これは上等なフルートで、修理できないはずはない。ちゃんと修理するから置いて行くように」と言われ、置いてきた。修理に8〜9日かかるということで、シカゴ滞在期間中に出来上がらなかったため、その次にシカゴに来た時にその店に行ったところ、気になっていた汚れはすっかり綺麗になり、空気の漏れもなくなって吹きやすくなっていた。しかも修理は無料であった！

　ということで、何とシカゴでフルートを2本持つことになり、吹き比べてみると中国製の新品が一番吹きやすい気がする。日本で使っているムラマツのフルートも、60年前に買ったときはこのような感じだったのだと思われるが、時間が経ってあちこちにずれが生じて、オーバーホールしても完全な状態には戻らず、このため中国製の新品にかなわないのだと思う。その後、結局、中国製の新品のフルートをシカゴで使い、修理された中古のフルートを日本に持ち帰って、日本では高いお金を払ってオーバーホールした日本のフルートと、このアメリカ製の中古のフルートを使い分けることになった。

　それにしても、これがアメリカのビジネスなのだと学ばせてもらったようなものだが、中古のフルートを売った店は商品を十分にチェックしないで売り、買った人から文句が出たらそれに対応するということでやっているのは日本とは大きく異なる。文句を言わなければそれまでということで、アメリカのスーパーマーケットや通信販売での商品の売り方も同様である。これが完璧を目指す日本のビジネスに比べるといいかげんだが、経済的で、ある意味合理的なビジネスになっていて、アメリカで未知の領域に挑戦する原動力の一部になっているのかもしれない。また、フルート工

房の職人が言った「中国製の新品を買った方がよい」という助言も、楽器の性能から言えば合理的で正しかったわけで、よい勉強になった。ただし、この中国製の楽器がいつまでちゃんと使えるかは保証の限りではない。

第4章　教育の方向性と教職員の日米格差

〈考える力・問題解決能力〉

　インターネットと人工知能により、これから知識はいくらでも容易に入手できるようになるので、基本的な知識を教えることは重要だが、知識を使いこなし創造性を発揮する能力（知恵）を磨くことが重要である。これから必要なのは「解決力」と「創造力」（問題を見つける力）で、そのベースは「なぜ？」の意識と「考える力」である。「慢心」と「思い込み」を如何に避けるかが、これからの成功の鍵と言える。"Education is what remains after one has forgotten what one has learned in school."（学んだことを忘れてしまったあとに残るものこそが教育である。）というアインシュタインの有名な言葉がある。MITで教えているのは「知識そのものではなく、学び続ける姿勢」と言われている。

　アメリカの大学では問題解決学習が基本である。日本の大学の講義と比べて教員と学生との対話の量が圧倒的に多い。学生は任意のタイミングで質問し、講義は場合によっては質疑から派生して様々な方向へ展開する。講義における議論で学生自身が技術の中身について考え、質問することによって理解を深め、議論を通じて技術分野を体系化する能力が高められる。カリキュラムは、さらに膨大な量の宿題で維持されている。

　大学に限らず、アメリカの学校では問答型の授業を通じて質問する能力を鍛え、身につけることが重視されている。次のような言葉がある：

　"There are no stupid questions. The only stupid question is the one not asked."（馬鹿な質問なんかない。唯一馬鹿な質問は聞かなかった質問だけ）

　"Asking makes one appear foolish, but not asking makes one foolish indeed."（聞くと愚か者に見えるが、聞かなかったら実際に愚か者になる）

　アメリカの教育では学生は課題（宿題）を与えられ、自ら考え、調べ、解く学習が基本になっている。ビジネススクールでは現実の企業内で起きている問題の「ケース」が書かれている教材を使って、それに対処する方法（例えば、自分が社長だったらどうするか）を考える授業が行われる。これは小学校から共通する授業方法である。

　日本の教科書では公式が先で、次のその説明がされるが、アメリカの教科書では具体的な問題が先に提示される。日本の学生はアメリカの学生と比較して知識は豊富だが、概して問題解決能力において劣っている。日本の大学院生はアメリカの大学院生に比べるとずいぶん高級な理論を知っているが、その知識が役に立っていないと言われることがある。日本の大学の入試制度が諸悪の根源と言え、根底から考え直すべきである。国立情報学研究所の「東ロボ（ロボットは東大に入れるか）」プロジェクトが注目を集め、ロボットはすでに平均的な私学の入試に合格するところまで来ていると言われているが、そのことはある意味、象徴的で、ロボットが入れないような入試にすべきである。

　アメリカの教育では幼稚園から創造性やプレゼン能力の育成が重視されている。その例として、幼稚園から小学校4年生くらいまで続く Show & Tell、小学校の Science Project、Hypothesis などがある。話題は何でもよく、要は人前で考えていること、思っていることを上手に発表すること、また質問を含めてそのよい聞き手になることの訓練である。中学、高校での Research も、創造性の訓練として力が入れられている。プレゼン能力だけでなく、エッセイ（小論文）の書き方の訓練がされる。"Think different" の実行が重視されている。

＊

　反転授業（flip teaching, flipped classroom, backwards classroom, reverse instruction, flipping classroom, reverse teaching）が、アメリカの大学の多くで行われるようになってきた。学生は教員が作成したビデオを自宅で視聴して予習し、教員は教室ではその理解を確認し深める教育を行う。オンライン教材の普及とともに、アメリカだけでなく世界的に広がっている。オンライン教材の世界展開のためには英語での教材であることが必須で、このため日本の大学の授業を海外に広めるには大きなエネルギーを必要とする。教材の作成に多大

な経費と労力がかかるので、アメリカでも教える内容がある程度固定できる学部教育が中心である。TTIC では interactive な少人数教育で最先端の内容を教えるので、オンライン教材は用いていない。

● 多様な教育と専門の選択

　日本では底辺あるいは平均レベルを上げることを基本とする、比較的画一的な教育が行われるが、アメリカでは多様性が重視されている。TTIC が対象としているコンピュータサイエンス（CS）分野でも、アメリカの学部教育では学生はかなり自由に実際に学ぶ内容を選ぶことができ、卒業に必要な最低の取得単位はあるが、学生によって学んでいる内容にはかなり多様性がある。TTIC で博士課程学生を候補者から選ぶときも、TTIC が主に対象としている AI 分野は極めて多様な面があるので、応募書類でスクリーニングを行った後、受け入れたい教員の分野に応じて異なる要求条件で選考がされる。必ずしも学部で CS を学んできた学生だけが対象になるわけではなく、学部では物理や数学や生物を学んで、修士で CS を学んだ学生や、物理、数学、生物などと合わせて学部の double degree（2 つの異なる学科や専攻での学位取得）として CS を学んだ学生を選ぶようなこともある。当然ながら、プログラミングスキルはリテラシーとして必須である。

　日本では学部レベルで専門を決めてしまうのが普通で、学部教育と大学院教育を一体化しようという流れすらあるが、アメリカでは学部では基礎を学び、大学院で専門を学ぶという分化ができていて、それが活力になっているように思う。日本でも学部教育は基礎に徹し、大学院での専門は学部での専門にこだわらず、能力と興味があれば自由に選べるようにすべきと思う。学部段階で自分の専門を決めてしまうのは、あまりに早すぎる。大学間の移動も自由にすべきである。

　日本の大学では、優れた教育を行っている教員ももちろんいるが、全般的に教員がもっと世界に目を向けて、教育がいかにあるべきかを真面目に議論し、真剣に取り組む必要がある。いいかげんな教育が蔓延している日本の大学教育は、欧米に比べてあまりに貧相と言わざるを得ない。

〈評価システム〉

　アメリカでは、もちろん完璧ではないが、教員の採用、tenure への昇進、昇給、grant の採否などから大学自体の評価まで、評価基準や評価システムが明文化されている。教員採用などでは個人が書く reference letters（評価書）が重要視されている。筆者は 2016 年に教員の tenure への昇進プロセスをTTIC で実際に行って、初めてそれを実感した。評価することに関する責任が意識されている。アメリカでは評価や決定において、自分をはっきり主張できることが生存競争に勝つために必要である。評価の基本は決断力と決断する勇気で、間違った決定をしたら責任を取らされる。

　これまでに教員の就職、昇格、学会での表彰などに関して 400 以上の評価書を書いてきたが、評価する側もフェアな評価ができる人かどうかが試されるので、いいかげんなことはできない。評価対象者の良いところと不足しているところの両方をできるだけ正確に書き、同程度の経歴の人の中で何番目くらいにランクされるかをきちんと評価する。日本でも他大学の教員による「推薦状」が教員選考委員会で使われるが、「推薦状」なので褒め言葉だけを書くことが多く、「評価」にならない。

　日本では評価を避けようとし、いいかげんで形骸化している。筆者が関係してきた大学や研究機関での評価でも、満点の評価点がつくことに一生懸命になりすぎて、莫大な無駄な労力が使われ、その上、実際の改善につながるような効果が発揮されていない。評価で改善すべき点が出るのは当たり前で、それに納得し、その後適切に対応すれば改善につながるのだが、そのようにならない。「個人が決定権を持ち、失敗したら責任を取る」という概念が、考え方としても、社会の仕組みにおいても失われてしまっている。誰も責任を取らない仕組みになっている。

　評価においては、それをする人とされる人の役割分担の明確化と、それぞれの立場への尊敬と、なれ合いでない信頼関係があることが重要である。協力して品質や組織を良くしていこうという意識がないと効果が発揮できない。

　大学の質を保証するため「大学認証（accreditation）評価」が行われている。アメリカでも日本でも、大学の研究・教育の質の向上と改善に役立てるという意味で、その目的に基本的な違いはないが、以下のように実際の評価の仕

方には違いがあるように思われる。
- 評価基準と評価に対する日米の違い

　TTIC があるイリノイ州を含む地域の高等教育委員会（HLC）での評価基準
は次のように定められている。

　基準 1：ミッションが明確に表明され、大学活動の基準になっているか

　基準 2：高潔性・誠実性・倫理性・信頼性を持って大学活動が行われている
　　　　　か

　基準 3：高品質の教育と学修システムが提供されているか

　基準 4：教育と学修の提供とサポートに関して、評価と継続的改善がなされ
　　　　　ているか

　基準 5：今後、発展、改善し、ミッションを実現するに十分な財務的・組織
　　　　　的基盤と計画があるか

　一方、日本での評価基準は公益財団法人「日本高等教育評価機構」の「大学
機関別認証評価・評価基準」で、次のように定められている。

　基準 1：使命・目的（使命・目的・教育目的）

　基準 2：学生（学生の受入れ、学生の支援、学修環境、学生の意見等への対
　　　　　応）

　基準 3：教育課程（卒業認定、教育課程、学修成果）

　基準 4：教員・職員（教学マネジメント、教員・職員配置、研修、研究支
　　　　　援）

　基準 5：経営・管理と財務（経営の規律、理事会、管理運営、財務基盤と収
　　　　　支、会計）

　基準 6：内部質保証（組織体制、自己点検・評価、PDCA サイクル）

　評価の基準が、アメリカでは具体的にどのように大学運営を行っているかに
あるのに対し、日本ではその仕組みや学内体制の整備に重点が置かれているよ
うに思える。

　その上、実際に認証評価を受けている教員の意見を聞くと、評価のプロセス
の機能の仕方が日本とアメリカで大きく異なっている。アメリカではそれが大
学の向上に役に立っていると受け止められ、前向きに行われ、好循環になって
いるのに対し、日本ではやらされているという意識が強く、「対応が大変だ」

という意見が多い。評価が役に立っているという声が聞かれない。どちらかというと仕方なくやっていて、後ろ向きで、悪循環になっている。その主な原因は2つあると思われる。

　1つは、日本ではいろいろなことがきちんと議論され、納得した上で実行するベースがないため、評価についても何をどう評価するのが組織の成長につながるのかの議論がなく、評価をする側とされる側の信頼関係がないことである。納得できないけど「しょうがない」という意識で、無駄に評価が行われ、評価をする側もやりがいがないのが実態であろう。

　アメリカでは、認証評価を監督する高等教育委員会と大学の関係者が毎年集まって、評価の内容とその対応方法について徹底的に議論する。HLC が管轄する 19 の州の場合は、前に述べたように、毎年シカゴに 4,000 人以上が集まる。副学長クラスの評価委員は厳しい研修を受けて、大学の進歩に貢献できるという誇りを持ち、10 年くらいは続けて委員を担当するようである。日本のいい加減なやり方とはかなり違う。

　日本の場合は評価の内容よりも、文科省への印象を良くするために高い評価点を得たいという意識が中心となっている。文科省は本来大学の自主性に任せるべきことまで評価に入れようとする傾向があるので、大学の側は確実に達成できて良い評価が得られるような目標を設定するということが行われる。マイナス点がつくことに神経質になりすぎて、できたことだけ書くという傾向もある。

　アメリカでは問題点を含めて正直に自己点検報告書（self-study report）を書き、高等教育委員会の評価チームおよび高等教育委員会の判断を受けて改良していけばよい、という意識が強い。嘘は絶対にいけないが、そうでなくても隠しておくということは嫌われるので、できていないことは明確に書き、次の評価までに実現すればよいのだ。

　2つ目の原因は、日本では評価に対する対応を順番で役目が回ってくる学科長や学部長を中心に、教員がいわば素人として作業をするので、「評価の時期に当たってしまってご苦労様」ということになる。評価への対応を「仕方なくやらされている」という意識が強く、前向きに対応しようという意識にならない。後述するように、アメリカでは認証評価に対応する経験豊富なプロの事務

職員がいるので、評価への対応や報告書作りはその人に任せればよい。教員は
この評価の機会を活用して、教育方法の改善などの中身の向上に努力すること
ができる。

　日本でも、教員はせっかく貴重な時間を評価への対応に使うのだから、主体
的にそれぞれの大学の在り方を考え、本来の教育の中身の向上への機会として
活用し、「やってよかった」と実感できるように、事務職員の体制を含めて大
幅にやり方の変革をすべきである。評価委員も、それでこそ浮かばれるという
ものであろう。

〈日本の大学の教員はどうしてこんなに忙しいのか〉

　日本の大学の教員と話をしていると、口をそろえて「雑用が多すぎて、教育
や研究に十分な時間がかけられない」と言う。筆者も東京工業大学で教授をし
ていた時にはそう感じていた。

　一方、TTIC の教員をみていると、日本の教員よりもたっぷり時間をかけて
教育に取り組んでいる。真剣に教育していないと学生から苦情が出る。教育の
内容については、日本の大学よりも基礎学力の教育に重点が置かれており、教
員全体が協力して学位取得者の品質保証をする仕組みができている。研究にか
けている時間も長い。なぜ、このように日本とアメリカの教員の置かれた状況
が違うのだろうか？

　表4.1に日本の代表的な大学（東京大学と東京工業大学）およびアメリカの
大学（シカゴ大学とスタンフォード大学）について、大学院と学部の学生数、
教員数（日本は研究員以外の特定有期雇用教員を含む）、事務職員数（医療系
職員を除く。日本は非常勤職員を含む）、教員1人当たりの学生数、教員1人
当たりの事務職員数を示す。いずれも日々変動しているので概数で示す。東工
大の事務職員には週29時間以下の非常勤職員（600名）を含む。東大の非常
勤職員の時間数の内訳は不明。

　日本では正規の教員以外に、常勤でありながら特定有期雇用教員というカテ
ゴリーで年限を限って雇われている、いわゆる「特任教授」などと言われる教
員が多数いて、研究と教育において正規の教員と同様の業務を担っている。ア
メリカではポスドク研究員は沢山いるが、正規の教員と同様の教育を担うとい

表 4.1　日本とアメリカの大学の学生数、教員数、事務職員数

		東京大学	東京工業大学	シカゴ大学	スタンフォード大学
学生数（人）	大学院	13,000	5,100	10,000	9,000
	学部	14,000	4,700	6,000	7,000
	計	27,000	9,800	16,000	16,000
教員数（人）	正規教員	3,900	1,100	2,300	2,100
	特任教員	900	250	—	—
	計	4,800	1,350	—	—
事務職員数（人）		2,700	1,900	11,000	11,000
学生数/ 教員数	正規教員のみ	6.9	8.9	7.0	7.6
	特任を含む全教員	5.6	7.3	—	—
事務職員数/ 教員数	正規教員のみ	0.69	1.73	4.78	5.29
	特任を含む全教員	0.56	1.41	—	—

うことはない。日本における不安定な立場の特任教員の増加は、非常勤事務職員の増加とともにゆゆしき問題で、これも正規の教員が忙しくなる原因であるが、これについてはここではこれ以上触れない。

　表 4.1 を見てわかることは、日本とアメリカの大学で教員 1 人当たりの学生数は大差ないが、教員 1 人当たりの事務職員がアメリカでは 5 人くらいいるのに対して、日本では 1 人あるいはそれ以下で、極めて大きく異なることである。

　日本の大学では大学改革を目指した公募の形で、21 世紀 COE、グローバル COE、リーディング大学院、卓越大学院などの莫大な予算を用いた大学単位のプロジェクトが行われ、それぞれ特定の研究分野の推進、博士課程学生やポスドク研究者のサポートなどで効果を上げているが、真の大学改革に結びついていない。応募するときにはどこの大学も、終わったら自己資金で継続すると言うが、どこの大学も予算の余裕がないので実質的な継続はできるわけがない。これらに関する業務も正規の事務職員のサポートがほとんど得られないので、教員の「雑用」を増やすことになる。

　アメリカの大学の事務職員の数は、実は元々ここまで多かったわけではなく、過去 25 年間で 2 倍以上に増えているという統計がある。このアメリカの

　大学における事務職員の増加は、高等教育委員会や国から大学に求められる種々の規則の制定や遵守への対応、外部評価への対応、学生やその家族からの多様なサポートの求めへの対応、IT 化などによる教育システムの変化への対応などが原因になっていると言われている。

　事務職員が増えているもう 1 つの大きな背景として、アメリカのトップレベルの大学における、いわゆる正規の tenure あるいは tenure-track 教員以外の教育・研究スタッフの増加がある。例えば研究大学として有名な MIT では 1,000 人の tenure および tenure-track 教員以外に、レクチャラー（講師）を含む 6,100 人の非正規の教育・研究スタッフがおり（通常、教育スタッフは大学によって、研究スタッフは外部資金によって雇用されている）、これらの全体をサポートするために 5,200 名の事務職員が雇用されている。

　正規の教員以外の教育・研究スタッフを含むと、MIT の教員数と事務職員数の比率は、日本の国立大学とあまり変わらなくなるが、正規の教員以外は「雑用」の負担は少ないと思われるので、正規の教員のみで数えると事務職員数は教員数の 3〜4 倍程度いると考えるのが妥当であろう。ちなみに MIT の総職員数は、この 10 年間で 11,100 人から 12,400 人へ 12% 増えているが、正規の教員はあまり増えていない。

　事務職員の増加に関しては批判もある。アメリカにおける学費の高騰が大きな問題になっているが、事務職員の増加がその原因の 1 つになっており、組織と業務の効率化によって事務職員の数はもっと減らせるのではないかということも言われている。

〈アメリカの大学の事務職員は経営を担う運営スタッフ〉

　数の違いよりももっと重要な日本の大学との違いとして、アメリカの大学の事務職員はそれぞれが財務、経理、学務、人事、IT などの専門家で、job description に従って主体的に仕事をしている。プロとして十分に能力があり、訓練を受けている事務職員を雇っていることが、大学の評価項目に入っている。

　実は「雑用」の多くは大事な仕事で、日本ではそれが非専門家である教員によって、いやいやあるいは非効率にやられているということに問題がある。最

悪の場合には、「雑用」で忙しいことが、教育や研究をさぼる口実として便利に使われていることもないとは言えない。アメリカでは、これらの仕事は専任の事務職員がやるので、教員は指示を出せばよい。例えば、定期的に行われる外部評価のための膨大な資料の作成は、基本的に学務担当の事務職員の仕事で、教員は事務職員の進行管理に従って意見をまとめたり、新たな提案を行ったり、自らに関係する資料を提出すればよい。日本ではそのほとんどを教員がやる必要がある。大学での新たな制度やプログラムの設置に関しても、教員だけでなく、事務職員からも提案が出され、それに必要な法律や外部の実績などの調査や規則作りは基本的に事務職員が行う。アメリカの教員もグラント（助成金）の申請に追われて大変だとこぼしている人が多いが、日本の教員の日々をつぶさに見たらびっくりするであろう。

　アメリカでは大学の教職員は「academic staff」と「administrative staff」に分類される。前者は教員で、そのトップは学務担当副学長（provost）である。後者は日本語にするのが難しいが、これは「事務」職員ではない。辞書で「administration」を調べると、管理、運営、経営、大学本部、大学当局と書いてある。つまり、大学の運営あるいは経営を担う主体であって、「事務職員」からイメージされる役割とは大きく異なる。日本の大学の事務職員にも、経営を担うスタッフとしての意識や役割を持たせられる地位向上が必要である。

〈TA 制度の違い〉

　事務職員以外による教員サポートとして、アメリカの大学にはしっかりしたTA（Teaching Assistant）制度があることも重要である。各授業の受講者20〜25 人当たり 1 人の割合で、博士課程学生の補助が付く。大教室で 1,000 人が受講していれば 40 人の TA が付く。

　TA は日常的に、その授業を受講している学生の質問に答えたり、宿題や試験の採点をしたりする。各博士課程学生に対して、TA を担当することが将来教員になるための重要な訓練として義務づけられている。ところが日本の大学では、これを担うのにふさわしい博士課程学生が少ないということと、TA に報酬を払うための財源が不足していることが、TA 制度を充実する上での大きな障害になっている。これも日本の大学の重要な課題の一つである。

〈オフィサーを中心とする大学運営〉

　運営（経営）スタッフのトップは学長（President あるいは CEO）である。TTIC があるイリノイ州の法律では、大学の運営スタッフの要として、少なくとも学長、最高財務責任者（Chief Financial Officer＝CFO）、総務責任者（Secretary of the University）の3つのオフィサーを置かなければならないことになっている。小さな大学では必ずしも別々の人でなくてもよく、兼任しても構わない。シカゴ大学には学長、副学長を中心に 16 名のオフィサーがいる。

　アメリカの大学の運営スタッフはオフィサーを中心に、それぞれ自分のキャリアとして仕事をしているので、自分の存在感を示そうとする。大学としてのミッションである教育と研究を実行する主体は教員であって、運営スタッフはそのサポートをすることが仕事であることは認識しているが、特に部長レベル以上になると大学が如何にあるべきか、その中で自分が何をするべきかを考えている。その結果として自主的に計画を立て、教員に対していろいろ提案をしたりする。

　このため、場合によっては規則作りや予算の策定・執行など、大学運営に関する業務に関して教員と主導権争いを生じたり、ぶつかったりすることがある。教員と運営スタッフの間に立って調整し、リーダーシップを発揮し、相互の信頼関係を築くのが学長としての筆者の重要な仕事の一つである。

〈副学長の意識改革と事務職員の地位向上を〉

　日本の大学で教員の「雑用」を増やしているもう一つの理由は、これまでに書いたように、アメリカの組織運営の責任者がプロであるのに対して、日本では異なる組織間の人の流動性が乏しいので、同じ組織の中で言わば非専門家が持ち回りで担当しているところにある。このため副学長もオフィサーとしての意識が乏しく、教員の代表であるかのように考え、自分で研究室運営を続けている人も少なくない。種々の背景があって簡単ではないが、オフィサーとして事務職員を統括する意識と、それを可能とする組織を実現することが求められる。

　事務職員の側も人事異動（ローテーション）が定期的にあって、専門性を持つことが期待されず、いろいろなことがそこそこ素直にできるが自主的な働き

が求められない、極端に言えば、教員組織に隷属するような立場に置かれているように思う。そう考えている教員が少なからずいるように思う。

　事務職員が副学長のリーダーシップの下に、それぞれの業務の専門家として、そして大学の運営を担う半分の主体として尊敬され、信頼され、いきいきと働けるような組織と環境と文化を作ることが重要なのではないだろうか。そうすれば一般のアメリカの職員よりも勤勉な日本の職員であれば、アメリカのレベルまで多数の事務職員を配置しなくても十分に教員のサポートができると思われる。

　このような前提で、教員のサポート体制を可能かつ妥当なレベルまで充実させ、教職員の皆が主体的に大学運営に参画するようにすることが、教員を本来の業務に集中させ、教育と研究のレベルを引き上げる上で必要と思う。同時に、教員には本来の責任を十分に果たしてもらうために、評価システムをきちんと機能させることが必要であることは言うまでもない。

　日本の大学の教員のサポート体制と組織運営の方法を急に変えるのは不可能だが、日本の大学での教育と研究が、厳しい国際的競争の中で存在感を示していくためには少しずつ改革していく必要がある。そうでないと外国から優秀な教員を招聘しようと思っても、日本の教員の置かれている現状を知ったとたんに辞退されてしまうであろう。

〈官僚の天下りと現役出向〉

　官僚の天下りと現役出向が大きな社会的問題になっている。自民党の河野太郎元行革担当相によれば、文科省から大学への幹部ポストへの現役出向が 241 人に上り、その内、理事が 76 人を占めているという。筆者が以前に勤めていた東京工業大学では、事務部門の部長のポストで大学内からの生え抜きが就くことができるのは一つだけで、それ以外の部長はすべて文科省からの出向で占められていた。

　文科省は学長からの要請に基づいて出向していると言っているが、天下りと同じで、ノーと言えないだけであろう。大学の側も「こういう人がいると役所から情報がもらえる」とか「役所との人的つながりがないと損をする」と言い訳しているが、これがおかしいと思わないのがおかしい。地方大学の幹部は、

気の毒にも「足しげく文科省に顔を出さないと情報が得られない」と言う。

　このように「寄らしむべし、知らしむべからず」の形で情報がコントロールされるというのは、役所の業務における透明性の欠如にほかならず、こういう形で官僚が権力を行使しようとするのがおかしい。文科省は「出向者は、それによって現場感覚を養い、行政に反映できる」とも言っているが、お客さんとして就いたポストで現場感覚が養えるはずはないし、現場のことは現場の専門家に任せるのが筋であろう。

　日本の大学にとって、文科省は生殺与奪の権を握る特権的存在になっている。文科省の官僚は、国立大学への運営費交付金、私立大学の設置認可などの許認可権、補助金などで大学をコントロールしよう、植民地としようとしている。極めて不合理である。「教育がいかにあるべきか」を扱う役所が特権を振りかざしているのは、不思議と言わざるを得ない。文科省は最低限の共通基準の確保と基本的なサポートに徹して、「教育」の内容は大学の自主性に任せるべきである。ところが実際は、文科省は大学の自主性を妨げることを生きがいとし、一方の大学は自治の精神を発揮しようとせず、文科省の言いなりになることで楽をしようとしているように見える。

　アメリカでは誰でも大学を作ることができるが、大学認証（accreditation）を得て、維持するためには厳しい審査に合格することが必要で、その基準は明確に定められている。その基本は「大学は社会資産」という考え方で、そのために自律性（autonomy）、独立性（independence）が必須条件として、常に監視されている。国や州が教育内容について口を差し挟むことは禁じられている。アメリカでは寄付者からの独立性、すなわち寄付者が大学の経営に口を出さないことも厳しくチェックされる。寄付者の名前を付けた建物を建てるなどの目的を明示した寄付は一般的であるが、寄付者が大学の経営や教育内容に口を出すことは厳しく禁じられている。

　日本の大学では官僚 OB が理事に天下って高給をもらい、大学経営を牛耳っている例が少なくない。官僚 OB が透明性のある一般的な就活システムのなかで、よい再就職先を見つけることができないとすれば、もともと優秀な官僚の能力が権力の行使にしか用いられず、一般に役に立つ形で磨かれていないところに問題があると思われる。60 歳あるいはその直前になれば再就職しなけれ

ばならないことがわかっているのに、得意分野も持たないため、業界や学界に天下ろうとするのが不幸の原因である。

　根本的には官僚を含めて、社会が各自の専門性を磨くことに価値を認めてこなかったことに問題があるということもできる。天下りをなくすためには、官僚が既得権益にしがみついたり天下りに頼ったりしなくても、個人としてフェアに輝ける社会にしなければならない。

　役所が実力社会になっていないことを表す現象の一つにキャリア、ノンキャリアの差別がある。若者が頑張って勉強して国家公務員Ⅰ種試験に受かっても、キャリアポストが限られているため、ノンキャリア（Ⅱ種）で採用されている人もいる。就職後はいくら努力しても能力で評価されるシステムになっていないので、キャリアとの差別は一生解消されない。

　官僚の天下りをなくし、大学をより健全にするためには、役所の業務をもっと透明でわかりやすくし、官僚が個人として資質を磨けるようにするとともに、大学を国民全体の社会資産として大切にし、大学が自主的にそれに応えていく仕組み作りをすることが必要である。

〈十分に効果を発揮していない文科省の大型競争的資金〉

　文科省は10年以上にわたって毎年1％ずつ国立大学の予算（運営費交付金）を減らしており、その減らした予算を競争的資金とすることで、大学の活性化を図っていると言っているが、その本来の役目を果たしているとは言えない。大学では文科省への「覚え」や社会的「評判」のために、大学単位の大型競争的資金を「勝ち取る」ことを主たる目的として、教職員の莫大なエネルギーを費やして準備をし応募しているケースが多い。

　その競争的資金で行う内容は、大学全体の施策や本来の業務とは直接関係がないので、文科省への応募が「当る」と大学の正規の教職員の関与は最低限にし、限られた5年間などの実施期間に入ってくる予算で非常勤の教員や職員を雇い、終わるまでそれで対応する。終わったら非常勤の教職員を解雇しておしまいとなる。それを継続する予算や体制はもともと想定していないから、大学そのものは何も変わらない。関係したわずかの正規の教職員にも何も残らない。

　国民の貴重な税金を使うのであるから文科省の官僚の手柄の手伝いをするのではなく、各大学の自主性に基づいた、それぞれの長期的な教育・研究の発展に役立つ施策でなければもったいない。

　運営費交付金が毎年減少しても大学は教授を解雇することはできないので、教員の入口である助教のポストを減らすことで対応し、結果として優秀な若者の「将来、大学教員として日本の科学技術や教育に貢献したい」という夢を奪っている。

〈日本とアメリカの大学の教員の給料の違い〉

　表4.2に日本の国立大学の教員の年収の平均値と、アメリカの筆者の分野であるコンピュータサイエンスの教員の給料の中央値を示す。いずれも丸めた数値で、1ドル＝105円で換算した。アメリカの主要大学はほとんどが私立なので、私立だけの場合と公立を含めた場合を分けて示す。また、アメリカの教員の給料は1年のうちの9か月分しか払われないので、その値を示している。それ以外の3か月分は、多くの教員がgrant（競争的研究資金）から自分の給料を出しているので、多くの教員の実際の年収は表に示されている9か月の給料の33％増しになる。

　この表で日本とアメリカの教員の給料を比較すると、アメリカの教員の給料が9か月であることを考慮すると2倍近く違うことがわかる。アメリカの教員が9か月の給料で1年を過ごしたとしても、日本の大学の教員の約1.5倍の給料をもらっている。アメリカの大学の教員にはさらに、子弟の大学の学費の半額補助などがある。

　アメリカでは「いいものは高い」。つまり、トップレベルの大学の教員は、

表4.2　日本の国立大学とアメリカの大学の教員の給料

教　員	日本の国立大学（年間給料の平均値）	アメリカの大学（9か月給料の中央値）	
		私立のみ	私立・公立
教　授	1,100万円	1,850万円	1,650万円
准教授	850万円	1,250万円	1,200万円
講　師	750万円	—	—
助　教	650万円	1,100万円	1,050万円

国と社会の発展のために、教育と研究で重要な役割を果たしているので、それに対しては十分なサポートと対価が払われて当然という考えが徹底している。その分、トップレベルの大学の tenure つまり終身雇用の教員になるためには、厳しい競争を勝ち抜く能力と実績が必要である。日本でも教員の評価をきちんと行い、それを給与に反映させるとともに、優秀な教員の給与を国際レベルに近づける必要がある。そうしないと海外から優れた教員を招聘しても実現するのは難しい。

〈産学連携を理由に、大学を産業界の下請けにするな〉

　近年、教育の機会均等に向けた活発な議論がなされ、2017 年 12 月 8 日に閣議決定された「新しい経済政策パッケージ」では授業料減免措置の拡充などが示された。その中で、奨学金などの支援を受ける学生が学ぶ教育機関の要件として、

　1) 産業界のニーズも踏まえ、企業などで実務経験のある教員の配置
　2) 外部人材を理事に一定の割合で登用
　3) 成績評価基準の策定・公表
　4) 財務・経営情報の開示

が示されている。

　だがそもそも学生への支援は、本人の能力と経済的必要性に応じて行うべきであって、過度に対象校を限定するのは適当でない。3) や 4) は当然で、それができない教育機関は排除すべきだが、1) のように産業界のニーズに合わせるのは全く的外れである。筆者も長年、民間の研究所で基礎研究を行ってから大学に移ったので、筆者のような人が大学にいてもよいと思うが、それが必要な条件だとは思わない。大学は、多様な価値観に基づく教育と研究の場でなければならないが、2) を奨学金の要件とする理由はわからない。

● 基礎研究衰退の原因

　内閣府の総合科学技術・イノベーション会議でも「大学の基礎研究が産業界に生かされていないから、国がその仕組みを作る」とか、「大学の教員に産業界に目を向けさせることによって『役に立つ』大学にさせる」などと言われているようである。だが根本的な問題は、日本で基礎研究が衰退しそうなことに

ある。基礎研究がなくなったら、産業界にそれを生かすどんな仕組みがあっても意味がない。涸れそうな井戸に強力なポンプをぶち込んでも意味がないのである。

　現在、大学の研究成果が生かされていないのは、独創的な基礎研究が少なくなった大学と、それを製品に結び付ける技術力のない産業界の両方に責任がある。優れた企業ではしっかりと技術者や研究者を育成し、ニーズに合った技術を自前で開発すると同時に、海外を含む大学から技術を積極的に導入して実績を上げている。しかし残念ながら多くの企業は、社内での技術者・研究者の育成や技術開発の努力を怠っている。そもそも大学から「こんな技術があります、どこかに使えませんか」と投げかけたところで成功する可能性は小さい。産業界が解決すべき課題を自ら発見し、その解決策を大学の研究成果から探すことが成功への道筋である。

　内閣府の会議では「基礎研究から社会実装まで一気通貫した戦略を」などと議論されているが、大学はすぐには役に立たないかもしれない基礎研究をするのが役目であり、その基礎研究が役に立ちそうだと判断したときに社会実装するのが企業の役目である。多くの分野で基礎研究から製品開発までの時間が格段に短くなり、競争が激しくなってきたが、研究成果は論文として発表されているから、企業の技術者がちゃんと勉強していれば、どのような使えそうな技術があるかわかるはずである。

　また、この会議の議論では、大学に対して「経営と研究の分離によるガバナンス改革」を求めているが、それがなぜ意味があるのか十分に検討されていると思えない。日本の大学教育と研究の国際的地位を回復するための「大学改革」は確かに必要である。しかし、改革によって本来の役目がないがしろになっては元も子もない。大学が自ら考え、教育と基礎研究の場として国際競争力を持つようにしなければ意味がない。政治家や官僚や企業の経営者が発案してやるものではない。

　世界の独創的な基礎研究のほとんどは大学で博士課程の学生が教員と共同で取り組んでいる。すぐには何の役にも立ちそうもないのが基礎研究である。基礎研究は相当の覚悟がないとできない。大学がすぐ役に立つことを重視していたら基礎研究は育たない。ところが日本では基礎研究ができる予算がどんどん

削られ、将来の企業を支えるべき科学的知見や新しい技術が生まれにくくなっている。その結果、「研究者になろう」という夢を若者から奪っている。

● 基礎研究とアプリケーションのバランス

　アメリカでは博士課程の学生に十分な生活費が支給され、エリート教育として社会的に認知されている。日本では学生への生活費の支給はないし、博士を取得しても企業がほとんど採用せず、大学での若手ポストも予算削減の余波を受けて減っているため、博士課程に進もうとする学生が極めて少ない。

　このため日本では、ほとんどの学生が修士で就職する。2 年間の修士課程は就職活動のために実際はもっと短く、修士論文を書いて卒業するには基礎研究の時間も基礎学力もないので、海外の誰かの研究成果を身近な課題に応用したものばかりになる。日本の学会での発表はこれらがほとんどを占める。日本の大学での研究は、欧米の大学に比べてアプリケーションが過剰になっている。

　アメリカでも産業界のためのアプリケーション研究を活発にやっている大学はある。だが、しっかりした基礎研究がベースになければならないことが広く認知されている。TTIC が連携しているシカゴ大学は、常に世界ランキングで10 位以内にあり、理学部はあるが工学部はない。

　アメリカの自主的な教員の一部は、自分のアイディアを生かせそうな面白い企業にも籍を置き、企業研究者と一緒に研究している。企業は大学の教員を莫大な給料で雇用し、その技術を吸収して実用化している。教員の中には、自分でお金を払って、他の教員に授業負担の肩代わりしてもらう人もいるが、多くは大学での授業や研究をきちんとやったうえで、1 週間の内の 1～2 日を企業で研究している。

　教員が企業でやった研究成果は基本的に企業の所有となる。成果の論文は発表できる場合とできない場合があり、大学での基礎研究とは明確に分離させている。それでも企業で研究を行うことで、時として大学での基礎研究の種が生まれる。企業も当面は直接の利益と関係のない基礎研究をサポートするために、使途を指定しない寄付を提供している。

　国や大学に対して「外国から人が来るような仕組みやサポートを作ってください」などと言う教員もいるようだが、それを待っていてもだめだろう。教員自らが外国に出て、存在感を示すことが必須である。そこで外国の研究者が、

この日本人と一緒に研究してみたいという気になれば、特別な仕組みがなくて
も相手からこちらへ来るであろう。

近年、科学技術全般で中国の教員や研究者が発表する学術論文の数が急増
し、アメリカから発表される論文の数よりも多くなった。これも中国からアメ
リカの大学の博士課程に留学して学位を取得した人や、その後、アメリカの企
業で働いてアメリカの研究者との人脈を作った研究者が、中国に高い給料で
戻ってきて、アメリカの研究者と共同で研究しているケースが多い。

日本の研究者によって発表される論文の数は、中国からの論文よりけた違い
に少ない。このまま行ったら日本はアジアの後進国になってしまう。政治家や
官僚の言う通りやっていないと予算が減らされてしまうとか、損をするとかの
風潮が横行していると、大学にも産業界にも国際競争力が付かない。この「人
任せ体質」が日本をダメにしてきた。大学教員の本来の仕事は基礎研究と教育
だ。負け犬にならず、頑張って日本の存在感を示してほしい。

☕ **coffee break**　深層学習（Deep Learning）の Godfather を迎えて

　後述するように、近年、深層学習（Deep Learning）の技術が世界を大
きく変えようとしている。これに対する最大の貢献者は、「深層学習の
Godfather」と呼ばれている Geoffrey Hinton 教授である。イギリス生ま
れの computer scientist かつ psychologist であり、トロント大学と Goo-
gle（Google Brain）（2013 年から）で働いている。Backpropagation,
Boltzmann machine, auto-encoder, deep belief network などの研究開発に
貢献し、Yoshua Bengio（モントリオール大学教授）および Yann LeCun
（ニューヨーク大学教授で Facebook の Chief AI Scientist）と共同で 2019
年の Turing Award 賞を受賞した。

　Hinton 教授は 1980 年代から、他の多くの研究者が neural network を
あきらめて別の方法に研究のターゲットを移した、いわゆる AI の冬の時
代になっても、neural network の研究を 30 年一筋に粘り強く継続し、現
在の AI 技術の成功への大きな基礎を築いた。その背景には、本人の執念
とカナダでの大学における基礎研究に対する国からの継続的なサポートが
ある。

　Hinton 教授と TTIC とは以前から交流がある。Hinton 教授は腰に障害があって、椅子に座ることができないため、立っているか寝ているかの選択肢しかない。これが理由で飛行機に乗ることができないため、トロントから Google があるカリフォルニアまで移動するのに列車の寝台車を使っている。その移動の途中にシカゴがあるため、途中下車をして TTIC に寄ってくださるようお願いしたところ快諾してくださった。教員の一人が車で駅まで迎えに行き、車の後部座席に横になって来ていただいた。TTIC での討論はすべて立って行い、夕食も高いテーブルがあるレストランで全員立って行った。Hinton 教授と AI の将来についていろいろ討論したが、深層学習のこれからの更なる発展の可能性について Hinton 教授の並々ならぬ意欲を感じた。

　筆者が委員の一人になっていたある大きな日本の賞の選考委員会で、Hinton 教授を有力な候補者に選ぶ提案があったが、日本に来て受賞講演ができることが条件にあり、Hinton 教授は飛行機に乗って日本に来ることができないため残念ながら選ぶことができなかった。

第Ⅱ部

AI 時代のグローバルリーダー育成

第5章 国際的に活躍できる人材の育成

〈これからの日本の大学教育〉

　日本の主要（トップレベル）大学とその教員は、これまで多くの研究分野で国際的に存在感を示してきたが、教育（人材育成）という意味では存在感がない。研究面でも存在感が低下している。アメリカという世界を見晴らせる場所に来て、日本の中で働いている人たちを見ていると、辺境の地でちまちましているような感じになってしまうのが否めない。

● 国際比較

　日本の大学の世界ランキングは下降の一途をたどっている。もちろんこの種のランキングがすべてではないし、使われる尺度に日本の大学に不利な面もあるし、学問分野にもよっても違うが、アメリカと日本のトップレベルの大学の教育のレベルの開きが大きくなっていることは事実で、このままの状況が続けば今後一層広がっていき、アジアの中でも日本の大学のランキングはもっと下がっていくであろう。これは大学の組織改革などで変えられるものではなく、教育のやり方と学生の学びの姿勢の問題である。アメリカのやり方がすべて良いわけではないが、日本の大学の関係者はアメリカのトップレベルの大学でどのように教育とその評価が行われているかを身をもって体験し、危機感を持つ必要があると思う。

　OECD が加盟国の大学進学率を調べた統計（2010 年）によれば、日本の大学進学率は 51% と OECD 平均値 62% を大幅に下回り、加盟国 34 か国の中で 24 位と下位に位置する。トップはオーストラリアの 96%、アメリカは 74%、韓国は 71% である。ただし、アメリカの大学のかなりの部分はコミュニティカレッジと言われる短大のようなもので、誰でも入学できて実際に卒業する人の割合は大きくないので、数だけで比較するのは必ずしも妥当ではない。

　中国は OECD 加盟国でないので比較できないが、大学進学率は 35% 程度と

言われている。中国は 2013 年度予算で、教育費に国防費の 3 倍のお金を配分するなど国民の教育に力を注いでおり、大学進学率は今後持続的に上昇していくと予想される。

OECD 調査（2011 年）で学校教育費用の GDP 比率を比較すると、日本は 5.1% と平均値 6.1% を大幅に下回って、データのある 29 か国のうち 25 番目である。公的負担分の GDP 比率は 3.6% で 29 か国のうち最低であり、上位はデンマークなど北欧諸国が占め、アメリカは 5.3%、韓国も 5.3% である。

中国やインドを含め、世界のトップレベルの学生はアメリカに留学してしまい、日本には基本的に二番手しか来ない。毎年 20 万人に及ぶ中国人が欧米へ留学しているが、中国政府はシリコンバレーに行った優秀な研究者に帰国後の優遇措置を与えて、本国に戻るインセンティブを与えている。日本にはこのような優遇措置がないので、海外の大学への留学生や戻って活躍する人が増えない。

2008 年、中国の科学技術研究者は 159 万人で、アメリカの 141 万人、日本の 65 万人を抜いて世界トップになった。理学・工学博士号取得者は、アメリカ 33,000 人、中国 27,000 人、日本は 8,000 人である。教育の分野でも中国はトップに躍り出ようとしている。

ノーベル賞の対象となる成果は、今から 20〜30 年前に行われたものが多い。現在の趨勢が続くと 20 年後、日本は科学技術分野でノーベル賞をとれなくなり、代わりに中国がどんどん獲得していく逆転現象が起こる可能性が大きい。

日本の大学の国際的な地盤低下を上昇に転ずることができるだろうか？ 入学時期を春から秋に変えて、海外からの学生が入りやすくするという議論が行われたこともあったが、それをやっても意味はないであろう。授業の科目ナンバリングを国際標準に合わせるということも行われているが、教育の中身とレベルが問題である。国際的に活躍できる人材を教育できるかが、国際的に認められる大学になれるかどうかの鍵である。

● クオーター制

東大や東工大など日本のいろいろな大学が、最近、莫大な犠牲を払って導入した「クオーター制」は、従来の年間スケジュールで、夏休みをそのままにして、春学期と秋学期をそれぞれ 2 つに分けるもので、1 年を夏学期を含めて 4

つに分けているアメリカの制度（3 月末、6 月下旬、9 月末、1 月初めが学期の
切り替わり）とは全く異なり、時期がずれている。従来の学期の半分の長さが
「クオーター」になったので、学生にとっては休学してインターンシップなど
に行くのが容易になったかもしれないが、日本人学生の海外留学の増加などに
教員のオーバーヘッドの増加に見合うだけの効果があるか疑問である。多くの
大学でメリットとデメリットを十分に議論せず、何かしないと文科省から補助
金が出ないからなどの理由で導入している例が多いようで本末転倒である。

　日本の大学で行われているこの種の「改革」が何のための改革なのかが、学
内できちんと議論されていないのが問題で、教員や大学リーダーの意識を変え
なければ制度を変えても何も変わらないであろう。

　アメリカの大学では、トップレベルの教育・研究機関から引き抜かれるよう
な人材を作ることを目標にしている。どうしても引き抜かれたら困る場合はそ
れなりの処遇をする。日本の大学では研究や教育で成果を上げても給料に反映
されないので、外国人にとって魅力がない。特別に高い給与を支給して海外か
ら優秀な教員を招聘することができるようにならないと事態の改善は難しい。

● グローバル化への課題

　英語での授業が定着していない日本の大学に、外国から優秀な教員が来ると
も思えない。学部教育は日本語でよいが、大学院教育は英語でやるべきであ
る。私自身は東工大での学部の授業は日本語で、大学院の授業はすべて英語で
やっていた。今の日本の教員には、残念ながら英語で講義することができる人
は極めてわずかしかいないから、これを実現するには相当の覚悟と時間が必要
だがやらざるを得ないだろう。韓国のトップレベルの大学では英語で授業がで
きることが教員採用の条件になっている。中国と同様に学生も小学生のときか
ら英語教育がされているので、日本人よりもはるかに英語の能力が高い。

　アメリカの企業でも国際経験を有する学生（外国の文化を理解できる人）を
積極的に採用しているので、この目的で短期的に外国に出てみようとする学生
は増えるかもしれないが、言語の問題があるので日本に来る学生はわずかであ
ろう。

　日本人や、日本の企業や社会が国際化するということは、日本人が活躍する
場が広がるということだけでなく、地球の裏側にいる何十億人もの人たちと競

争しなくてはならないことを意味する。R. Florida『クリエイティブ都市論―創造性は居心地の良い場所を求める』（ダイヤモンド社）によれば、世界はcreative cluster（創造的人材の集積地）、巨大生産拠点、megacity（巨大都市）、地方部に分かれた「デコボコな世界」になっていく。日本は取り残されてしまうかもしれない。若者はどこで働くのがよいか、よく考えるべきと思う。

　大学そのものがグローバル競争の波にさらされようとしているとき、大学偏差値という国内だけでしか通用しない番付表に頼っていては、日本の大学の将来はない。カリキュラムの質を上げ、教員の授業と研究の質を上げ、何より学生の卒業時の質を上げなければならない。

　外国から優秀な学生を日本の大学に呼び込む最も現実的な方法は、優れた研究成果を海外で積極的に発表し、海外の大学の教員との交流を活発にすることである。NTT研究所や東京工業大学での筆者の研究室には、この方法で世界30か国から優秀な学生や研究者が来てくれた。こういう努力をしている日本の大学の教員が少なすぎると思う。

〈大学の独立性・自律性・評価システム〉

　アメリカの大学では独立性と自律性と、教育方法についての自らの評価システムを持っていることが強く求められる。それらに関して高等教育委員会（HLC）が大学を評価する基準を詳細に決めており、それを満たしているかどうかが厳しく評価される。その評価内容はよく考えられており、それを満たすように努力することが大学をよくする方法として納得できる。すなわち、基準を満たすように努力することによって大学がよくなることが実感できる。したがって、日本で起こっているような「評価のための評価」、「取り繕ってごまかす」、「作文だけに無駄な時間と労力を費やす」という風潮にはなりにくい。日本の文部科学省のやり方は大学を消耗させる方向にしか働いていないように見える。「中期目標」「中期計画」を押し付けるようなことはアメリカではできない。本質を見失った、小手先の目標や計画をいくら作ってみても良いものは生まれない。

　暫く前に文科省は、全国86の国立大学法人に対して「組織および業務全般

の見直し」を求める通知を出した。基本的にほとんどの大学が私立であるアメリカと比較することには無理があるかもしれないが、アメリカでは国がこのような通知を出すことはありえない。文科省から学長のリーダーシップを強化するという方針も示されているが、それを受ける側が納得していないし、実行できる体制がなく、できる人が少ないという現実もあり、表向きの形式だけで、実際は何もよい効果を発揮していない。お金を中央集権化しても意味がない。日本の大学では「文科省がいうから仕方ない」という後ろ向きの議論が多すぎる。それだけでなく「学長がいうから仕方ない」という風潮も広がっている。せめて大学では、納得のできる議論ができる環境を実現したい。それによって日本の大学の質の低下をどこかで止める必要がある。

〈健全な大学と社会へ〉

　形式だけを重んじ、先例を覆すことを嫌い、本質を考えないまま何となく運用されている制度が、日本人の持っている能力や可能性を削いでいるリスクにそろそろ国民全体が気づくべき時ではないだろうか。例えば、文系・理系の壁が大きすぎる。

　大学に入学することだけが目的になってしまい、学生が勉強しない今の日本の大学は、本来の健全性を失ったシステムの典型である。大学が学問の多様性という本質を見失い、建前ばかりになっている。

　アメリカでは道なき道を行く人は尊敬され、結果として失敗しても励まされることはあってもけなされることはない。日本でももっと多様性を認めるようになる必要がある。日本の若い人たちが人生の進路を決定づけるのは、もっと後（例えば20代後半）でよい。それが可能な社会になれば、今よりももっといろいろなことを勉強するようになるのではないだろうか。

　国際性のない日本の政治家、福島原発事故処理などを見ても、政治的指導者のいない日本を実感する。大学も例外ではない。現実を直視しようとせず、問題の先送りを図る日本のリーダー（福祉、年金、財政赤字）、責任を取らず、自己保身を図ることが目的化している今の政治を少しでも変えられないものかと思う。「過ちは人の常、赦すは神の業」で、失敗が許される社会へ移行しなければならない。

　日本国内に、日本の国際的な存在感低下への本当に切羽詰った危機感がないのが問題だと思う。日本で仕事をしたい、日本に貢献したいと考えている外国人はほとんどいない。日本の大学に飽き足らない人は、是非アメリカの大学に飛び出してみてほしい。知的好奇心を刺激されるという意味ではアメリカの方が大きな機会がある。ただし、「留学」を目的にするのではなく、何を目的に留学するのかが重要である。

〈もたれ合い社会からの脱却〉

　日本は典型的な「ハイコンテキスト文化」（単一に近い民族で、言語、価値観、倫理観、嗜好性といった文化的背景の共通度が高い文化圏、社会常識を共有、狭く、深い関係性を好む、団体主義、多くを話さない、あいまいな表現をする、聞き手の能力を期待する）で、アメリカは「ローコンテキスト文化」（多民族で、互いの文化的背景がかなりバラバラな文化圏、社会常識がバラバラ、広く、浅い関係を好む、個人主義、はっきり話す、寡黙であることを評価しない、直接的でわかりやすい表現をする、話し手の責任が重視される）である（文化人類学者のエドワード・ホールが名付けた2つの文化圏）。

　アメリカのように多民族で構成され、個人のアイデンティティーを大切にするとともに、各人がindependentである社会においては、その社会システムは比較的わかりやすいものになる。契約に基づくクリアなシステムになる。社会全般にわたり表現されたものが重要視される。

　日本では「安全」「安心」が重視されるが、アメリカでは安全であることよりも「自由」であること、「自律性」が保たれていることが重視される。アメリカで高い価値を持っているのは「独立心」と「競争心」と「フェアプレイの精神」である。

　日本は「もたれ合い社会」で、「ムラ社会」である。日本の満員電車で、だまってお尻で他人を押して電車に乗り、だまって他人を押して降りる風景は極めて異常である。日本人は平均的に、自分の考えを明確に主張することが苦手である。スマホで絶えず友達の気持ちを気にしているのは、膨大な時間の無駄遣いである。日本では「思いやり」と「協調性」と「自己犠牲」が強調される。集団の中で出過ぎないようにすることがよしとされ、集団の価値が支配す

る社会になっている。個人の価値が発揮しにくい。日本で起こる殺人事件の 6
割が身内の間で起きている。社会が内向きにできていて、その中での争いやも
め事が多い。

　同調圧力（peer pressure）の強さが日本人をがんじがらめにしている。同
じでなきゃいけない、違ってはいけない、とても堅苦しい社会になっている。
その中で、自由に輝いている人、リベラルに光っている人になってほしい。そ
ういう仲間を作ること、空気を読んでもそれに合わせるのでなく、自らの責任
で発言する勇気が求められている。そのためには、人を納得させる力が必要で
ある。

　筆者が通っていた日比谷高校では、教養の高さと、リベラルな考え方と、議
論をする能力が鍛えられた。生徒が自分たちでクラス編成をし、順番に授業を
するなど自律性が重視され、「100 分授業」が充実していた。優秀な生徒が集
まっていたので、その多数が当たり前のように東大に入った。最近、卒業 50
周年のエッセイ集を作り、再び一緒にものを考える機会を作ることができた。
あのようなリベラルな教育ができる高校が今の日本にあるだろうか？

　欧米における夫婦の離婚はほとんどが法廷に持ち込まれるが、日本ではほと
んどが協議離婚である。ただしアメリカでも、これからは裁判ではなく、話し
合いで決着する仕組みを作ろうという動き（ADR：Alternative Dispute Reso-
lution）、判決の代わりになるような紛争解決をやろうという方向が検討され
ている。"super-stakeholder method" とも言われている。

　合意形成は妥協でなく、新しい意見の創造である。ゴールを決めないことが
合意形成につながる。社会的合意形成の場は正論を闘わせる場、建前でなく本
音をぶつけ合う議論の場でなければならない。合意形成で大切なのはディベー
トのように自分が勝つことではなく、対立構造を認識し、それを克服するよう
な案をどれだけ提案し、対立する者どうしが合意できる案をつくりあげること
ができるか、つまり提案能力である。

● 契約社会

　グローバル化が進むと地球全体がどんどんローコンテキスト化していき、自
国の中でも、これまでの常識や価値観が通じない人を相手に話す機会が増え
る。グローバル化が進むと、契約書に詳細な規定は書かれていなくても仕事が

進む日本型ビジネスは、国際環境の中では成り立たないから、日本も契約型社会へ移行せざるを得ないであろう。社会の基盤システムが均一化・普遍化する一方で、自然や歴史に根ざしたローカルな文化や、国境を越えた多様なコミュニティが人々の生活を豊かにしていくことを期待したい。

　一方で、日本は世界で最も安全な国の一つで、これは「もたれ合い」の結果かもしれない。競争社会アメリカでは貧富の差がますます広がり、人々が命の危険にさらされているのも事実である。日本の安全な社会を保ちながら、国際競争を勝ち抜いていくにはどうしたらよいか？

　文化の違いを示す現象として、日本の住宅の玄関ドアは外開きであるのに対して、アメリカでは内開きになっている。内開きなら外から攻撃されたときにドアの内側に障害物を置けばドアが開かなくなって、敵の侵入が防ぎやすい。外開きだと引っ張れば開いてしまうから守りようがない。

　東海原子力発電所を視察する機会があった。そこでいろいろ見せていただいて、次のようなことを思った：日本の中できちんとした議論を行って合理的な判断をすることが行われないため、膨大な無駄遣いが行われ、そのツケが国民に回ってきている。原発の外の海に高さ20 mの防潮堤が建設されている。景観を台無しにするだけでなく、膨大な無駄遣いと思われる。過去の津波のデータに照らして合理的な高さ（10 m程度）とし、それ以上の津波が来た時の対策を確立しておくのが正しい判断と思われる。また、筆者は10年以上前から、成功の見込みのない敦賀の「もんじゅ」のプロジェクトは即刻中止すべきと主張し、この判断ができない国にその責任があると言ってきたが、数年前にやっと中止が決まった。

〈きちんと議論をし記録に残すことができない日本社会〉

　2019年に起きた「統計不正」に関する問題には、日本が抱える欠陥が集約して現れていると感じる。政治家や官僚がやっていることに関して、十分な理由の説明や議論がなされない。どうしてこんなおかしなことが起きているのかと不思議に思うことが沢山あるのに、国会や記者会見で与党も野党もきちんと説明や議論をしない。言葉尻をとらえた些末な応酬ばかりが行われ、本質的な議論が行われない。

　きちんと説明し、議論し、相手に納得させるのが、政治家の仕事ではないのか。それができない政治家は失格ではないだろうか。下品なヤジを含めて、国会での政治家の発言を英語に翻訳して海外に流したらびっくりされるだろう。ところが与党も野党もつまらない非難の応酬ばかりで、きちんとした「統計数値」に基づいた議論になっていない。我々が最終的に知りたいのは正しい統計を用いたら、これまで我々が聞かされてきたことが変わるのか変わらないのか、国の政策は変わるのか変わらないのかということである。そのためには国会で、統計に関してしっかり勉強した上で議論してもらうことが必須である。

　アメリカでは疑問に感じることがあれば、必ず議論をして解決する。間違ったことを言えば、たとえ上司でも厳しく突っ込まれるので、議論をする前に勉強し、よく考えておくことが必須だ。説明に対して、なぜなのかわからないけど我慢しているということはない。「しょうがない」と放置したり諦めたりすることはない。日本では「しょうがない」が多すぎる。本来、議論のベースは、相手を尊敬しながら自分の言葉で意見を述べることだが、そのような習慣がなく訓練ができていない。日本人は一般的に自分の考えを明確に伝えることが苦手である。気に入らないと互いに論じ合うことを避けて、一方的な「ヘイト」になってしまう。

　どのような場でもきちんと論理的に議論したら、その議論の内容と決まったことを文書の形で残すことが重要である。他人の発言を尊重し、自分の発言に対して責任を持つという意味でも、文書の形で残すことは大切である。アメリカの大学では理事会、理事会の委員会、大学の運営会議、教授会などで、議論の内容や決まったことをすぐに議事録にし、会議の参加者で確認、修正し、関係者がいつでも参照できる形で永久に保存している。いわば文書にしてあることがすべてで、後から「実はこういうつもりだった」というのは通らない。アメリカでは当たり前のことだが、日本ではそのようなことができていない。決裁文書が関係者の知らないところで改ざんされたりしている。しかも今回の統計問題では、正確であるべき統計調査にまで不正が及ぶという深刻な事態になっている。

　日本では「〇〇会社の田中です」といった形で自己紹介をするが、アメリカではまず自分の名前を言い、次に必要なら所属組織を述べる。日本では「寄ら

ば大樹の陰」で、自分のことは誰かが決めてくれると思っている。あきらめている、というのが正しいかもしれない。政治家や官僚に対する尊敬がなくても、結局それらを頼りにしている。会社の一括採用もそのよい例で、就職活動時にはどんな仕事をさせられるかは全く知らされず、就職してから言われた仕事をする仕組みになっている。欧米ではありえない仕組みである。会社での異動や昇級も組織任せである。個人が確立していない。これでは専門家が育たず、国際競争に勝つことはできない。

　日本を訪問し、あるいは日本に住む外国人が増えている。これからもっともっと増えていく。異なる文化や、社会習慣、言語を持った人とまざって生活し、仕事をしていくことが必要になる。その中で、それぞれの個性を認め、尊敬し、コミュニケーションをとることができることが不可欠である。会話のない社会は変えていかなければならない。電車の中やレストランなどでもみんながそれぞれスマホに向かっていて、人と人との音声による会話が乏しくなっている。友人や家族の間でも音声での会話が急激に少なくなっているのではないだろうか。

　日本の中で、海外からの労働者やその家族などが住む地域を分けてしまっているケースが多い。欧米でも昔から同様なことは起きているので、それを避けるのは実際には難しいが、最低限のコミュニケーションをするように努めることは住みやすい社会を実現するうえで不可欠である。そうでないと、これからの日本に無用な分断と社会的軋轢を生んでいくことになるであろう。

〈日本の大学改革〉

　大学が、若者の過半が進学する高等教育機関になり、選り好みしなければ誰でも容易に入学できるようになった。その結果、学生が多様化し、学習意欲や基礎学力に乏しい多数の若者が大学に入っている。一方、社会では雇用が安定し昇進も期待できる「正社員」と、不安定かつ雑多な仕事を続けざるを得ない非正規の社員との格差が厳然として存在する。前者を教育するエリート大学と、後者を教育しなければならない非エリート大学という現実があり、その間は連続的である。

　この現実を認めた上で、各大学は立ち位置を自ら確認し、その目的に合った

教育（職業訓練を含む）を行う覚悟が必要になっている。日本の大学がみんな同じような大学を目指すのでなく、現状を直視して、それぞれの役割を意識した身の程に合った大学にならないと、日本の大学は「自滅」する。

2005 年の中教審答申「我が国の高等教育の将来像」には次のようなことが書かれている：

　「新時代の高等教育においては、個々の学校が個性・特色を一層明確にしていかなければならない。特に大学は、全体として

　『1. 世界的研究・教育拠点、2. 高度専門職業人養成、3. 幅広い職業人養成、4. 総合的教養教育、5. 特定の専門的分野（芸術、体育等）の教育・研究、6. 地域の生涯学習機会の拠点、7. 社会貢献機能（地域貢献、産学官連携、国際交流等）』

　等の各種の機能を併有するが、大学ごとの選択により、保有する機能や比重の置き方は異なる。その比重の置き方が各機関の個性・特色の表れとなり、各大学は緩やかに機能別に分化していくものと考えられる（例えば、大学院に重点を置く大学やリベラル・アーツ・カレッジ型大学等）。

　18 歳人口が約 120 万人規模で推移する時期にあって、各大学は教育・研究組織としての経営戦略を明確化していく必要がある。」

その後 15 年以上経った現実としては、単に機能別の分化だけではなく、その教育レベルの分化が求められている。まずは「研究と教育の両方を担う大学」、「教育だけを担う大学（文科系のほとんどと、理科系の一部）」、「学生の程度に見合う教育を担う大学」に分けるべきである。各学生が入学できて在籍したということだけで、勉強しなくてもどこかに就職できればよしとする大学があったとしても、それで社会システムの一要素として役に立っているのなら、それでよいのかもしれない。

日本の大学生の、在学中の長期間にわたる就職活動（就活）は日本だけの異常な慣行で、大学教育にとって極めて有害である。就活の期間が短くなると、就職先の選択範囲が狭くなるという学生の文句が出るかもしれないが、学修の方が大切である。少なくとも、真面目に教育に取り組む大学であれば、学修への影響を最小限にできるシステム作りが必要である。

「研究と教育の両方を担う大学」は徹底的に厳しく教育を行い、卒業生の質

保証を担保し、簡単に卒業できないようにしなければならない。自信を持って、ノーベル賞になるかもしれない基礎研究を維持し発展させる方法と、そのサポートを真剣に考え、実現していかなければならない。同時に将来のリーダーを教育するシステムの構築が必須で、それには科学、技術、教養、リーダーシップ（コミュニケーションを含む）などが含まれる。

　「大学改革」がよく言われるが、全国共通のお仕着せの改革メニューではなく、大学本来の機能や役割がそれぞれ違うのだから、それに基づいた改革でなければ意味がない。上記の3番目のカテゴリーの「学生の程度に見合う大学」を除いて、各大学は政府の大学改革施策に則った、政府の顔色を窺った改革ではなく、学生が真に学習するようになる自主的な改革をする必要がある。評価結果が報道発表されるからと言って、予算配分のわずかな増減にしかならない文科省の評価プロセスに、大学の莫大なエネルギー（教職員の人と時間）を使うのはもったいない。

　大学に対する国の監督は最小限にし、大学の自主性、自律性や創意工夫を尊重すべきである。文科省から言われるからとか学長が言うからではなく、各大学の教員が自分で考え、自分の責任で実施する内容でなければ実効が上がるわけがない。

● 大学の評価基準の明確化

　アメリカでは第三者による大学認証（accreditation）評価基準が極めて細かく厳密に定められているが、各大学はその共通の基準を満たしていることが大切で、個々の大学の自主的な施策まで評価することはしない。TTIC があるイリノイ州を管轄する高等教育委員会（HLC）では、大学の副学長クラスのボランティアを評価者として徹底的に鍛え、同じ人が10年くらいその役目を果たす。日本でも評価基準を明確にし、評価する人を十分鍛えることが必要である。

　評価基準が明確で、各教員にとって納得のできる内容であれば、それに合致した独自の教育システムを実現し実績を上げることが教員にとって意味があるので、その評価への対応は、教員にとって「雑用」にはならない。さらに評価資料の作成などを専門家としての事務職員がやってくれれば、教員が評価資料の作成に直接かかわる必要もない。

　一方、各教員の評価に関しては、学問の自由を支える全国の大学横断的なピアレビュー制度（システム）が、学長のリーダーシップより大切である。

　研究を担う大学では、日本の大学で当たり前になっている教員の名前を冠した「○○研究室」制度を廃止すべきである。教員対学生という一対一の関係でなく、学生は興味があるどの教員の指導も受けることができるフレキシブルな構造にし、個々の教員に委ねるのでなく、学科のすべての教員で学科のすべての学生の教育の責任を持つアメリカ方式を導入すべきである。研究に関しては、他大学を含む自由な組織で行うのが当たり前になるのが望ましい。

＊

　世界中で、日本のように母国語（日本語）でしっかりした高等教育が受けられる国は少ない。これは重要なことで、これで我が国の教育レベルが高く保たれているということもできる。日本で早くから英語で教育をやっても、内容が十分に理解できないので学力の低下を招く可能性が大きい。日本語による教育が日本の研究者の国際化を妨げている大きな要因になっていることは確かであるが、英語での教育は、その必要性が自覚できる大学院からでよしとするしかない。外国人留学生を増やすために英語教育をやるのは本末転倒である。

〈集団主義とコノテーションからの脱却〉

　日本の文化の中では「まずグループがあり、その上で個人がある」という順番が自然にまかり通っている。「○○会社の○○です」とか苗字が先で名前が後などがその例であるが、決してそれが世界のスタンダードではない。グループと自己の存在を同一視しがちなのは日本人特有の傾向と言える。「うちの会社では…」という言い方は欧米ではしない。欧米では自分と組織は別の存在で、独立した対等の関係である。欧米の個人主義（個室）に対して、日本の集団主義（大部屋）は対極にある。欧米では会社は会社、自分は自分で、日本人の会社に対する「忠誠心」は理解できない。時代の趨勢としては、どこに属しているよりも何をやっているのか、というその人の行動やミッションこそが仕事の価値や人生の価値を決めていくようになる。

　日本人は会社の価値と自分個人の価値を混同して、例えばトヨタのように会社として業績が上がっていると自分も偉くなったような気分になって、高飛車

に出る傾向がある。これが欧米の社会で問題を生ずることがある。

　日本は独自の文明で国家を形成する唯一の国で、外国に同じ文明を持っている人たちがいない非常に稀な存在と言える。孤立無援で自由な国で、日本は西欧化せずに近代化することを中心的テーマとして独自の発展を遂げてきた。質素、倹約、勤勉、正直さ、消費に対する禁欲的な態度、こうした精神が日本の文化や伝統の中にはじめから備わっている。唯一の同盟国であるアメリカとは、次のように異なっている：個人主義と集団主義、異質性と同質性、自由と権威、権利と義務、平等主義と階級制、普遍主義と排他主義、競争と協調、契約と血族関係、罪と恥。

● コノテーションからコミュニケーションへ

　プロの棋士が将棋を指していて、一方が静かに頭を下げ、もう一方が一瞬遅れて頭を下げたら一戦の終わりとか、相撲で優勝してもちっとも嬉しくなさそうな顔で黙っているとか、行司判定に不満でも黙って頭を下げて従うとかは極めて日本的な文化である。こういう美意識を心に秘めた日本人が、言葉を駆使して闘うアメリカ文化と正面から向き合うにはかなりの覚悟が必要である。

　これまでの日本の文化はコノテーション（connotation、含蓄）の文化で、言葉にならない様々な習慣や空気を共有して「あ・うん」で物事を決めていく文化であった。何も説明しなくても、ある種の等質性、同質性が担保されているので、スムースに社会が動き、ものすごく洗練された暗黙のうちの理解が当たり前になっている。しかし、グローバル化された世界ではコノテーションの文化は機能しない。これからはダイバーシティを積極的に認め、コミュニケーションする能力が極めて重要である。物事をきちんと議論する社会に変えていく必要がある。

　日本では一向に論理的な思考、権限の委譲、リスクをとる迅速な判断が行われないのが問題で、非合理性、非論理性の改善が必要である。日本では無意味な押印やサインが多すぎる。例えば「気象予報士」など、「資格」がないとできないものが多すぎる。もっと自分の責任でやり、ダメなものが淘汰されるようにすべきと思う。役人や利権のうまみが減るだろうが、その方がよい。「小保方事件」以降、理研では何でも研究ノートに書き、捺印することが強制されるようになったという。システムを作ったということだけで物事が解決すると

考えるのが不思議である。無駄なことが増えただけで、これで問題が解決するとは思えない。

　筆者が以前に勤めていた東京工業大学では、新しいことをしようとするとことごとく抵抗された。大学の資金に余裕がないだけでなく、外部の力を借りようにも制約が多すぎて、結果的にコスト高になり実現できなかった。これからは若者が将来に夢を持って議論できる社会になってほしい。

〈労働移動とイノベーション〉

　日本の IT 企業の収益率は欧米の半分以下と言われている。日本の新規開業率はアメリカの半分で、撤退する企業もアメリカの半分。収益率の低い企業が生き残っている。労働移動をもっとやらなければならない。収益性の低い成長性のない企業に人がへばりついていたら経済は成長できないし、イノベーションは起こらない。硬直的な終身雇用・年功序列でなく、柔軟な雇用制度を入れていかなければならない。

　アメリカでは巨大 IT 企業による大学教員の引き抜き、研究者の IT 企業間の渡り歩きが日常化している。特に西海岸では情報技術者の不足から、人件費の高騰と人材の激しい流動化が起こっている。北京でも同様で、日本だけが限定的である。日本では将来の雇用不安から、できるだけ安定したポストへと向かう傾向が強い。巨大 IT 企業が少ない日本で、出口戦略をどう構築するかが課題である。

　Steven Levy『Hackers（ハッカーズ）』（1984）を読むと、MIT、スタンフォード大学、カリフォルニア大学バークレー校などで、ハッカーと言われた人たちが気違いじみた、非常識とも思われる形で、ものすごい勢いで富よりも創造への夢を持って、ある種の冒険としてコンピュータのソフトとハードおよび AI の発展を進めてきたこと、John McCarthy のように、それを支えた人たちがいたことがわかる。Google も Yahoo も Apple も、自分たちがやっていることがかっこいいと思ったから会社を始めたので、最初に億万長者を目指して会社を始めたわけではない。それをそのつもりでサポートする人たちがいる。日本のように組織で動くことが前提となる社会では難しい。

　Steven Levy『In The Plex：How Google Thinks, Works, and Shapes Our

Lives（グーグル　ネット覇者の真実）』（2011）を読むと、Larry Page と Sergey Brin（共通して、モンテッソーリ教育によって自立性を身に付けたと言われている）によって創立された Google が、新しいアイディアを実現しようとするたびに、その技術のプロあるいは極めて高い能力を持っている人（頭脳集団）を雇用したり、会社ごと買収したりすることによって急速な立ち上がりを達成していることがわかる。逆に有能な社員が、より新しくて身軽な企業に転職したり、新しい会社を自分たちで立ち上げたりするケースも多い。まさにアメリカ、特に西海岸だからこそできることと言える。「20% ルール（20% プロジェクト）」という、勤務時間の 20% は業務として割り当てられていない自分の選んだ研究開発テーマに取り組んでも構わないというグーグルのルールが知られている。アイディアがあったら承認を得たりせず、その 20% の中でとりあえず前に進めてしまう。結果として、似通ったサービスが社内競争の末に開発段階で淘汰されるのも珍しいことではない。グーグルは必要なことは何でも自分で実現するのが効率的という原則に立っており、Android を作っただけでなく、世界で最も多くのコンピュータサーバーを作っている。

　固定観念にとらわれず、目の前のものを虚心坦懐に科学者の視点で見ることが必要で、自分が間違っているかもしれないと考えることができることが重要と思う。

〈世界への情報発信〉

　日本は情報発信にもっと努力すべきである。自国に関する勘違いが蔓延しているにもかかわらず、日本政府は誤解を解く努力を十分にしてこなかった。品位や節度を重んじるあまり、日本は中国や韓国のアグレッシブな PR に押されてきた。日本が効果的な情報発信戦略の構築を怠ってきたために、外国メディアや評論家は日本という複雑な国を説明するにあたって単純で都合のよいストーリーに頼ってしまい、結果として表面的で誤った日本論が横行している。

　公害問題からエネルギー問題まで、日本は技術力と市民の力でどの国も解決したことがない世界的な課題を克服し、前に進んできた。どうすれば日本は本当の実力を発揮し、存在感を高められるのか、考える時期に来ている。等身大の自画像を描き、何がしたいかを明確にし、それを世界に向けて発信しなけれ

ばならない。そのためには今まで以上に世界を正確に知り、日本がどんな立ち位置にあるかを知る必要がある。

〈国際交流・協力・貢献・競争〉

　日本は福島原発事故処理を含め、もっと国際協力関係を進めるべきと思う。国際協力に奇策はない。海外では現地の人たちと肩を並べて、その土地に合った技術を探し、自分たちも学びながら教えることが必要である。何がリスクかを見極め、リスクの内容を理解し、その解決方法を共に探しながら教える、その繰り返しであろう。インフラ投資、CSR（Corporate Social Responsibility；企業の社会的責任）などでブランディングを行うなどして「顧客を創造」してから、本格的なビジネスに着手するようなことも重要である。

　アメリカの研究者は厳しく切磋琢磨している。日本の研究者の多くは日本の中でぬるま湯に浸かっている。日本の研究者ももっと情報発信に努力し、国際舞台に参加し、活躍すべきである。せっかく海外で開かれる国際会議に出席しているのに日本人参加者だけで集まっていることがよくある。もっと積極的に海外の研究者や学生と交流すべきである。よい研究をしてよい論文発表をすることは当然だが、国際学会の運営などに積極的に参画すべきで、そのためには日頃からレベルの高い外国研究者と積極的に交わり、（ライバルとして）能力を認めてもらっておくことが必須である。日々のそういう努力が重要と言える。

　異文化の交流が創造性の発揮に極めて重要であることは言うまでもない。例えば、台湾の故宮博物館にある超絶技法による象牙多層球は、17 世紀の清の康熙帝の時代にヨーロッパの技術と旋盤を輸入し、広東の職人の細かい手作業で完成させたものである。

　TTIC の理事でも、ディナーなどでトヨタ関係者だけで固まる傾向があって、外国人と積極的に交わろうという傾向が乏しいように思われ、残念に思う。シカゴのオヘア空港の近くに日本人が集中的に住んでいる地区がある。日本製品を売っているスーパーマーケットがあり、日本人が日常的に利用している。世界中のどこにもチャイナタウンがあり、シカゴにもインド人、パキスタン人などが住んでいる地域もある。それ自体はある意味、自然の成り行きと言

えるが、そこに閉じずに国際的な交わりに努力をする必要がある。40年前に
筆者が、NTT研究所からベル研究所に客員研究員として派遣された時には、
研究所の近くには日本人がほとんど住んでいなかったので、近所のアメリカ人
家族と親しくなることができ、それが子供たちにも貴重な経験になった。

　アメリカに来て研究する日本人は以前に比べて顕著に減っている。特に長期
に腰を据えて頑張ろうという人が減っている。このためアメリカでの日本人の
存在感は極めて小さい。日本の学生や若手研究者の方々には、アメリカに来る
方法は沢山あること、来れば簡単ではないがいろいろな可能性が開けることを
知ってほしい。

　これからアメリカと中国の関係は難しい状況を迎えるであろう。その事態に
備えて、日本は基礎体力を強化し、アメリカとの協調関係を維持しながら、中
国との関係にも配慮するべきである。そうしないと日本は中国に飲み込まれて
しまう可能性がある。アメリカは外国に対して経済的に信用できないと判断す
ると、内向きになって孤立主義になる。そうならないように、日本の財界は
もっとアメリカに投資すべきであろう。中国の市場よりもアメリカの市場の方
がずっと理解しやすいが、中国との関係も重要である。

〈日本を弱体化させる大学序列化と入試制度〉

　従来の大学入試センター試験（以後「センター試験」）に代わる大学入学共
通テスト（制度）の英語に民間の試験を使うとか、数学や国語に記述式問題を
使うとかが検討され、それが頓挫して受験生や初等中等教育に大きな影響を与
えている。

　この問題が根深いのは、現在の硬直化した入試制度が大学本来のあり方にま
で弊害を及ぼしているからである。入試成績ばかりに左右された過度の大学の
序列化は、研究者の流動性や大学の多様性を失わせ、国際競争力を低下させる
など深刻な悪影響を生んでいる。にもかかわらず入試制度を改革できない背景
には、日本の大学運営が抱えている課題もある。

　大学の入試は本来、各大学でどのような学生が入学してほしいかの基準に
従って、個別に行うべきものであるが、大学教員の手間と受験生それぞれの受
験回数の負担を減らすために、センター試験が大学と受験生の序列化に使われ

てきた。国立大学では各大学独自に行う入試の出願資格にセンター試験を用い
ており、受験生の足切りを行う方法として使われているケースが多いが、セン
ター試験の成績だけで合否を決めている場合もある。

　私立大学では、センター試験を入学者選抜にどう利用するかは各大学が個別
に決めており、センター試験だけで選抜をしたり、二次試験を免除する受験生
の選抜に用いたり、二次試験の結果と合計して合否判定に用いたりしている。
いずれにしても受験生の序列化がセンター試験で行われるため、これが日本の
初等中等教育に及ぼしてきた影響は極めて大きい。

　受験生が良い大学に入るために序列を高めるには、（評判の）良い高校に
入っている必要があり、そのためには良い中学校に入っている方が有利で、そ
のためには良い小学校に入っている方がよいということになって、日本の子供
たちは小さいときから受験に翻弄されている。そして各段階での入試に合格す
るために、学校での勉強だけでなく、学習塾に通うことが当たり前になってい
る。学習塾では学校で教えている内容よりも早く学習内容を先に進めて、入試
前に試験対策の特別指導を行う期間を確保したり、入試での問題を短い時間で
解けるようにするための、学校で教えない技術や公式を教えたりしている。子
供たちは学習塾での序列などでお尻を叩かれて、そのような技術や公式を理屈
なしで暗記することが指導される。

　こうして自分の頭で考えるよりも、覚え込まされた技術や公式を素早く用い
て回答を導き出す指導が行われる。このようにして本来初等中等教育で何を教
育すべきかという理想とは別の要因で、教育の道筋が曲げられてきた。

　センター試験での序列に従って入学した大学を卒業すれば、大学で何を勉強
したかは問われずに、「○○大学卒業」という肩書と面接技術で企業に就職で
き、社会に出ていくことができる。入試や塾で与えられる序列は、それぞれの
人の多様な価値のほんの一側面であるのにもかかわらず、それが絶対であるか
のように受け入れられ、与えられた場所と仕事で他人任せの人生を送るように
なる。

● 専門性を担保する大学教育
　大学は本来、プロフェッショナルとしての知識や能力を身に着ける重要な場
所であるはずである。したがって、センター試験のような手段で、おおざっぱ

なレベル分けが行われたとしても、どこの大学に行けば何が学べるか、何が身に着くかによって、受験する大学が選ばれるのが本来の姿であろう。

アメリカでは、学生は学部の4年間で基礎学問を広く学び、通常、別の大学の大学院に進学して専門能力を身に着け、修士あるいは博士の学位を取得し、社会で働くことになる。筆者の専攻分野である人工知能（AI）では、学部で物理を学び、大学院でAIを学んだというような専門家が多い。

日本では、大学教員として働くような場合は別として、一般社会で働く場合には大学で何を学んだかが問われない。会社や役所では人事異動が定期的にあって、一人一人の専門性が重視されない。これがあらゆる分野での日本の国際的競争力の低下の原因になっている。

どこの大学に入学したとしても、入学したら卒業できて当たり前というのもおかしい。その大学で、大学卒業生としてふさわしい知識や能力を身に着けたかどうか、その大学の基準に従って厳しく評価し、その基準を満たした学生だけを卒業させるべきである。それでこそ、その大学の存在意義があるというものであろう。筆者が勤めていた東京工業大学では、昔は学生の親が大学教育に文句を言ってくることはなかったが、15年くらい前から期末試験などの成績不良で進級できない学生の親が文句を言ってくるようになってびっくりした。

大学の入口で学生のレベルを絞ることも教育のレベルを確保する上で必要だが、出口での品質保証をすることはもっと重要である。そうでなければ教員と大学の存在意義が疑われる。入試より、大学や大学院で何を学んだかが評価される社会にしなければならない。

● 私学助成金

そのような当たり前なことができない大きな理由の一つに、政府から交付される私立大学助成金、いわゆる「私学助成金」の制度がある。日本には800近くの大学があり、その8割が私立で、600くらいの私立大学がある。そこに毎年2,000億円くらいの私学助成金が交付されており、各大学の収入の約1割が助成金である。

少子化の中で厳しい経営を迫られている大学にとってこの助成金は貴重であるが、各大学に定められている学生定員を厳格に守っていないと助成金が減らされてしまう制度になっている。各受験生が複数の大学を併願している中で、

定員を上回らず下回らずに学生を確保するのは至難の業で、どこの大学でも綱渡り的なことをやっている。自分の大学だけ卒業要件を厳格にして、受験生に逃げられるようなことはできる状況ではない。

今のように単年の入学者数で助成金を増減するのでなく、少なくとも3〜5年程度で平均した入学者数を用いることによって、各大学が創意工夫やチャレンジをできるようにすべきであろう。

日本の大学は、実際に大学と言えるかどうかわからないような大学を含めて、明らかに数が多すぎる。企業と同じで、減らすのは難しいので、勉強しなくても卒業できるような大学までが存在できるようになっている。最近行われている見かけ上の大学統合でなく、瀕死の重症になって共倒れになる前に、実質的な大学数削減を行い、大学間で正常な競争が行える仕組みを作る覚悟が必要である。

●才能の流動性について

センター試験での受験生の得点に関する大学の序列と、それぞれの大学の価値は直接の関係はないはずであるが、一般の人たちや大学の教員の間にまでそれを同一視する傾向がある。このため、この受験序列が比較的高い大学に就職した教員は、そこから他の大学に移ることを嫌がり、他の大学からその大学へ教員が移りたがる傾向が強い。そのような序列の高い大学の教員には、その大学で学生として学んだ時から教員として定年退職するまで、何十年もそこに居続けているという異常な例が極めて多い。

同系繁殖（近親交配、近親結婚）が遺伝上の問題を起こすことはよく知られている。鶏で、同じ親から生まれたもの同士を交配し続けていくと、たちまち劣性になって、体が小さく、弱々しくなり、卵を産まなくなってしまう。どこの国でも、ごく近い関係にある親族や同族の結婚を禁じている。知的な分野でも良いはずがない。

アメリカでは、前に述べたように、学部を出たら違う大学の大学院に行くのが普通で、そして多くの場合、さらに違う大学の教員になる。アメリカでは人の流動性が高く、自然発生的な交わりが多い。多くの人と直接対面で話すことで生まれるアイディアが、ビジネスに与える影響は少なくない。シリコンバレーのような、人が直接交わる場所があるところの優位性は大きい。

　日本でも受験生や大学に限らず、あらゆる対象に関して、あまり意味のない単純な序列に惑わされることなく、多様な価値観が認められるようにならないと国際競争力がますますなくなってしまうであろう。日本の今後の成長の鍵は、才能の流動性と、それを支えるリスクと失敗をプラスにとらえる文化が生まれるかどうかにある。

　最近、シリコンバレーに研究開発拠点を置く日本企業がやっと多くなってきたが、残念ながら日本企業のプレゼンスはまだあまり大きくない。専門能力が高く、個性があり、現地で生産的な人間関係を築ける人材が少ないということであろう。

　大学入試と大学教育が、日本の社会に与えている影響は極めて大きい。英語とか記述問題とかのレベルの問題ではない。センター試験（大学入学共通テスト）における英語の内容を広げたり、数学や国語で記述問題を加えたりすることによって、多少の改善になる可能性はあるかもかもしれないが、それに必要な労力に比べて、その日本の教育に与える影響は極めてわずかであろう。この問題を抜本的に考え直さないと、日本の教育は世界から全く隔絶されたガラパゴス状態に埋没し、これから教育を受ける子供や若者の将来に大きな禍根を残すことになるであろう。

第6章　グローバルリーダーの育成

〈いま求められている人材〉

　我が国においては、ことあるごとに「グローバルリーダーの育成」が叫ばれている。これだけ叫ばれているということは、その効果が上がっていないことを示している。「グローバルリーダー」というのは、「グローバルな環境」で活躍できる「リーダー」のことであろう。世界的、国際的な舞台で働き、競争する力がある人のことである。グローバルリーダーシップは、グローバルなコミュニティの意識、姿勢、行動を、共通のビジョンやゴールに向かって相乗的（協力的）に協働するように動かすプロセスであるということができる。アメリカでも「リーダーシップ」教育は盛んであるが、「グローバルリーダーの育成」が叫ばれることはない。アメリカがすでにグローバルな環境であり、そこで「リーダー」と言えば、「グローバルリーダー」のことになるからである。

　日本のようなグローバルに開かれていない環境で、「グローバル」に関する教育をするのは難しい。それはひとえに「グローバル」な環境を実感できず、何が必要なのかがわからないからである。文部科学省の「リーディング大学院」プログラムを含めて、「グローバルリーダー教育」に対して多額の補助金が出され、種々の試みがされている。実績を上げているところもあるが、現場によっては教えている人が必ずしもグローバルリーダーとは言えず、学ぶ側にもグローバルな環境の実感がないので、教育の効果が必ずしも上がっていない。真にグローバルリーダーとして認められている人から、学生自身に学ばせることが必要である。実績のない人では借り物の知識を教えるだけになってしまう。

　グローバルリーダーの育成をするためには、まずはある程度の高いレベルの専門技能および知的思考力を持つ人材（例えば博士課程学生）に対して、コミュニケーション能力など「リーダーシップ」の基礎教育を行い、その上で対

象者をグローバルで、かつ真剣勝負の環境に放り出すことが不可欠であろう。海外の研究機関や大学にお客さんとして滞在してわかったつもりになっても無意味で、真剣勝負をして授業の単位を取得するか、研究成果を上げることが必須である。ビジネスマンであれば、ビジネスで実績を上げるまで、腰を据えることが必要である。

〈リーダーシップ〉

　リーダーシップを定義するのは難しいが、次の6つのスタイルがあると言われている。

- ・ビジョン型（authoritative style）：共通の夢に向かって人々を動かす
- ・コーチ型（coaching style）：個々人の希望を組織の目標に結びつける
- ・関係重視型（affiliative style）：人々を互いに結び付けて調和のとれた組織を作る
- ・民主型（democratic style）：メンバーからの提案をもとにコミットメントを得る
- ・ペースセッター型（pacesetting style）：やりがいのある目標を設定して達成を目指す
- ・強制型（coercive style）：緊急時などに明確な方向性を示して混乱を鎮める

　これらは状況に応じて組み合わせたり使い分けたりすべきもので、一つに偏っていたのではよいリーダーにはなれない。同時に自分の資質に応じたリーダーシップを発揮すべきで、自分らしさを大切にし、自分の価値観を磨いていくことが必要である。自分のことを理解し、本当の自信（self-confidence）を持つことが成功するリーダーへの第一歩であるとも言える。

　リーダーシップとは人をコントロールすることではなく、人によりよい影響を与えること、人々が成長するための最良の土壌を作り出せることである。相手を認め（respect）、理解（appreciate）しながら、リーダーシップを発揮する能力が重要である。結果として、大したことはないと思われていた人がすごいことをすることがある。

● リーダーの資質

リーダーに必要な資質、特性には次のようなものがある。

1) 知性、俯瞰力、機敏性、発言力、コミュニケーション力、決断力（意思決定力）、問題発見力などの一般的能力

2) 創造性

3) 知識、体力、勇気

4) 信頼性、一貫性（言行一致）、忍耐力、責任感、人間性、意志力、精神力

5) 行動力、実行力、社会性

6) バランス感覚、心の柔軟性（物事を多角的に見る力）

7) 他者からの好感度、人格、誠実性、高潔性、謙虚さ（他人を尊重する力）

高度なイノベーションと創造性が必要になるので、コラボレーション的・ソーシャル的能力も重要である（co-creation 協創）。

リーダーシップは「art（技巧、術、わざ、熟練）」である。時間をかけて身につけるものであり、単に本を読んだり、人から聞いたりして学べるものではない。リーダーは部下に奉仕し、部下に借りをつくる。すぐれたリーダーはこうして成長する。リーダーは人に苦痛を与えず、自ら苦痛に耐えなければならない。

将棋の羽生善治は「不利な局面でも諦めずに、粘り強く淡々と指していくことが、勝負のツボを見出すポイントになり、逆転に必要な直感や閃きを導き出す道筋になる」と言っている。リーダーシップも、この通りと思う。

リーダーシップを学ぶことはできるが、教えることは難しい。これまで国内外（研究所、大学、研究プロジェクト、学会など）で種々のリーダーを務め、国際学会からリーダーシップに対する表彰も受けてきたが、いずれも人から頼まれたり、任命されたりしたもので、自分から言い出してリーダーになったことはない。リーダーというのは、ほとんどこうやってなるものだろう。では、どうやったらそうなるのか。プロフェッショナルであることか、人間力か？

リーダーになる早道はない。大学で何かを学び博士号を取得したとしても、下積みの仕事からのスタートである。そこで日々の努力の積み重ねにより周囲や外部から人間として高く評価され、尊敬され、信頼されるようになることが重要である。

〈グローバルリーダー〉

一般的なリーダーに加えて、グローバルなリーダーに特に求められる能力・適性には、次のものがある。

・専門性（プロフェッショナル）

・高度なコミュニケーション能力

・思考や戦略における包容力と柔軟性

・文化に対する興味と感受性

・複雑さへの対応力

・迅速性

・挑戦性（リスクをいとわない）

・溌剌、機知に富む、楽観的、エネルギッシュ

・結果を重視し、責任を取る覚悟

Google の Eric Schmidt と Jonathan Rosenberg は "How Google Works"（私たちの働き方）で、これから必要な人材は "smart creatives" であると述べ、その条件は以下であると述べている。

1. リーダーシップ（リーダーとしてチームの成功に貢献した実績）

2. 職務に関する知識（個別のスキルセットだけでなく、幅広い強みや情熱を持つ）

3. 全般的な認知能力（考え方、問題解決能力）

4. Googler らしさ（曖昧さへの許容度、行動重視の姿勢、協力的な性向）

情熱、知力、learning animal（学び続ける資質）のマインドセット、人格（面白い人間）が重要であるとし、LAX テスト、すなわちロサンジェルス空港（LAX）で6時間足止めを食ったとして、楽しく会話をしながら過ごせる人か、が重要であると述べている。

リーダーに必要なのは部下を信頼すること、そして彼らにもっと良いやり方を考えさせる度量と自信を持つことである。マネージャーは肩書きが作るが、リーダーはまわりの人間が作る。

〈プロフェッショナル〉

個人主義が徹底しているアメリカにおける（グローバル）リーダーに対して

は、日本におけるリーダーよりも「プロフェッショナル」であることが求めら
れる。プロフェッショナルであるとは、他の人ができないことをすること、そ
のためにはそういう場所に自分をもっていくことができることが必要である。

　プロフェッショナルにとってキーとなるスキルには、次のようなものがあ
る：

　‐コミュニケーション（文書・口頭・プレゼンテーションのスキル、ネット
　　ワーキング）

　‐合意形成

　‐チームワーク

　‐経営・管理能力

　‐財務情報の理解

　プロフェッショナルは何のために働くのか？　世の中の役に立つため、自分
の潜在能力を開花させる機会を得るため、充実した経験をし、プロフェッショ
ナルとしての自分の技能を向上させるためであろう。そのためには自分より優
秀な人々がいる環境に身を置くことが重要で、なるべく高いレベルのところ
で、自分を必要としているところで働くことが必要である。常に高い目標を
持って努力する必要がある。孫正義は「志し高く！　登りたい山を決める、こ
れで人生の半分が決まる。」と言っている。

　成果＝能力×努力×姿勢　と言える。同じ環境で、同じ能力を持ち、同じだ
け努力している人がいたとすれば、最後にその人の人生を左右するのは態度
（姿勢）である。姿勢とは、前向きかどうか、社会に貢献できるかということ
である。

　常に前向きに、どんなときも完全な仕事をしようとし、自分で自分をショー
ケースできる人（何か持っている人）であることが必要である。筆者はNTT
研究所で、部下に対して「10年経ったらどこにでも出られる人になれ」と
言っていた。

　同時に自分ができることには限界があることは知るべきで、人に任せられる
ことは人に任せる、その環境を作ることが必要である。人の協力が必要で、そ
のベースは信頼関係である。

　後で述べるように、これから人工知能（AI）などの急速な進展により、現

在普通の人がやっている仕事の多くは、近い将来、コンピュータや機械に置き換えられる。そのような時代でも失業しないためには、創造性を持ったプロフェッショナルでなければならない。

〈コミュニケーションとプレゼンテーション〉

　グローバルリーダーにとって重要な能力の一つがコミュニケーション能力である。MIT の学生はコミュニケーションに関する集中講義を履修することが義務づけられていて、文書作成とプレゼンテーションについて、大学が雇っている 30 人の専門家から教わっている。アメリカでは、日本の一方向的な授業と違って、授業そのものがダイアローグ的なコミュニケーションを中心に行われるので、その中でもコミュニケーション能力が磨かれる。

　プレゼンテーションで最も大切なのはストーリー（throughline）である。共感と共有のあるプレゼンテーションであること、つまり相手と何を共感共有したいのかを明確に持つことが重要である。聞き手の頭の中を想像し、問題の本質を情熱を持って論理的、客観的に述べることが求められる。アインシュタインの有名な言葉がある："If you can't explain it simply, you don't understand it well enough." 強いインパクトを残すためには、十分に深掘できることだけに的を絞ることが必要である。日本人の研究発表の多くは沢山のことを盛り込みたがり、しかも方法と結果だけを述べて、解釈や（なぜ？の）説明が不十分なので説得力がない。

　一つの典型的なプレゼンテーションの構成は、

A.　導入（これから何を話すか）

B.　背景（なぜこの問題が大切なのか）

C.　中心となる概念、メッセージ

D.　将来予想、影響、課題

E.　結論

である。

　プレゼンテーションの目的はアイディアを贈ることで、自分を宣伝することではないことを忘れてはならない。謙虚さと正直さと、場合によっては弱さを表すことも、よいスピーチを実現する上で有用である。それを考慮しながら、

聴衆に如何にしてインスピレーションを与えることができるか、自分に合った
やり方で十分準備をし、自信を持ってプレゼンテーションを行うことが重要で
ある。どのようなスライドやビデオを用意するか、原稿を用意するのか、メモ
を用意するのか、それを暗記するかしないか、講演中に使うのか使わないの
か、使うとすればどう使うのか、どうやってリラックスするか、どんな服装を
するか、どういう話し方をするか等々、自分とその場に最も合った方法を模索
し、決めればよい。原稿を読みながらプレゼンテーションをするのは最低なの
で、特殊な場合を除いてできるだけしない方がよい。

　プレゼンテーションのストーリーと伝えたい内容を頭に入れたら、原稿は書
かずに、聴衆の反応を確認しながら講演するのが一番だと思う。経験を積んで
いけば、リハーサルをしなくても時間配分を含めて自然にできるようになる。
行き当たりばったりの方が緊張感が伝わる。

　いまの時代、日本人に一番求められていて、一番欠けているのが対面力、す
なわち深い関わりがあるわけではない人と（軽い）コミュニケーションを取れ
る力で、多種多様な人と会い、人間関係を築ける人材が求められている。相手
をほめたり、相手に感謝したり、謝ったりすることが人間関係の基本だが、近
年、なぜかそれができない人が増えているように思う。

〈人間形成と人間力〉

　アメリカの大学はイギリスの大学をモデルに設立された。オックスフォード
やケンブリッジのような中世からのイギリスの大学は、伝統的に人間形成を教
育の中心的な目標とする寄宿制の「カレッジ」の集合体であった。

　人間力って何だろう？　簡単に定義することはできないが、常に高い目標を
持って、日々成長する努力をしていること、考える力＋決断力＋部下との信頼
関係が築けることと考えている。偉そうなことは言えても、多くの人とよい人
間関係が作れないようではリーダーにはなれない。人柄、しつけが身について
いることが大切だろう。人間関係の基本は、（メールでなく）声によるコミュ
ニケーション（対話）だと思うが、最近これが乏しくなっているのではないか
と思う。

　よい人間関係を作る基本は、それぞれの人が持っている多様な価値観を認め

ることである。自分の価値観を押し付けるようではリーダーにはなれない。先入観にとらわれず、勝手に決めつけたりせず、一つの見方で凝り固まらず、「逆さメガネ」（養老孟司）で見る視点を持つことが必要だと思う。自分の話を聞いてほしくない人はいないから、聞き上手になることが大切である。相手の気持ちを推し測り、自分ならどう思うかを考えることが必要である。人は相手によって性格が変わるものである。

〈教養と創造〉

　教養を身につけるとは、歴史、文学、哲学、心理学、芸術、生物学、数学、物理学をはじめ様々な分野の知の体系を学ぶことで、世界を知り、自然を知り、人を知ることである。そうすると世の理が見えてくる。社会性を身につけることとも言える。正義とは何か、平等とは何か、人は何のために生きるのか、異なる背景を持つ他者と理解し合えるとはどういうことなのかを考えられることにつながる。

　教養とは与えられた前提を疑う能力である。実社会には唯一の正解があるような問題はほとんど存在しない。向き合っている世界の中から自ら問題を発見し、自ら答えを見つけてくることが必要で、狭い専門分野に収まっているだけではできない。それが実社会で生きるということである。残念ながら多くの日本人は、与えられた条件、与えられたルールの中で 100 点を取ることばかりが得意で、「効率やシステム社会、合理主義の植民地」に生きている。

　教養は新しいルールを創造できる能力で、あらゆる変化に対応するための能力である。これからの教養には 4 つの C が必要と言われている。

1. コミュニケーション
2. コミットメント（状況にかかわっていくこと、社会性を持つこと）
3. クリエーション（何かを生み出すこと）
4. ケア（人の役に立つこと）

　コミュニケーション力と、人的ネットワークの強さと幅広さが必要である。持つ情報をシンプルにし、上質な情報に触れること、本物を本物と見抜く力、五感を研ぎ澄ますことが必要である。問題解決アプローチの多様性がイノベーションに不可欠である。

チェックシートやマニュアルから離れることが創造というものである。情報社会におけるオペレーションは、「管理」という視野を規制範囲にだけ狭める環境を作り上げてしまいがちである。情報社会が進めば進むほど inspiration の重要性が増している。

自分の内側の狭い専門分野の知識と経験しかなく、自分の外側に広がる世界や、人間そのものの心理・本性を知らないと、創造性を発揮することはできない。

〈文科省の博士課程教育リーディングプログラム〉

文部科学省は平成 23 年度（2011 年）から、「博士課程教育リーディングプログラム」を進めた。「優秀な学生を俯瞰力と独創力を備え広く産学官にわたりグローバルに活躍するリーダーへと導くため、国内外の第一級の教員・学生を結集し、産・学・官の参画を得つつ、専門分野の枠を超えて博士課程前期・後期一貫した世界に通用する質の保証された学位プログラムを構築・展開する大学院教育の抜本的改革を支援し、最高学府に相応しい大学院の形成を推進する事業」ということになっている。

広く産学官にわたりグローバルに活躍するリーダーに求められる能力については、次のように書かれている：

① 確固たる価値観に基づき、他者と協働しながら、勇気をもってグローバルに行動する力

② 自ら課題を発見し、仮説を構築し、持てる知識を駆使し独創的に課題に挑む力

③ 高い専門性や国際性はもとより幅広い知識をもとに物事を俯瞰し本質を見抜く力

このプログラムは、従来、主として教育者や研究者を育成することを目的としていた博士課程教育を変えて、社会で広く役に立つ博士を教育し、博士課程学生が活躍できる分野を増やし、博士課程に進学する学生を増やし、大学で博士課程学生が定員に満たない状態を解消しようという発想から、東工大などが文部科学省に働きかけることによって始まったと言われている。

このプログラムには、「オールラウンド型」、「複合領域型」、「オンリーワン

型」（なぜこのようなカタカナ名を付けるのか不明）の３つの類型がある。オールラウンド型は大学全体から選ばれた学生を対象とするもの、複合領域型は特定の複数の領域を合せた分野の学生を対象とするもの、オンリーワン型は特定の一つの分野の学生を対象とするもので、一つのプログラムは原則７年間継続されることになっていた。各大学はこの予算を獲得するため、各類型に対応した提案を提出し、３つの類型の全国合計で平成23年に20件、平成24年に24件、平成25年に18件が採択された。採択率は平均約19％である。予算規模は平成23年度：39億円、平成24年度：116億円、平成25年度：178億円となっている（１件当たり年間２〜４億円）。その後、予算は毎年削減された。

　この予算のかなりの部分が、学生を確保するための、学生への生活費（「奨励金」と称する）の支給に宛てられた。

　本来の博士の能力は、専門分野を深く掘り下げることによって獲得される専門知識だけでなく、世の中にないものを新たに作り出す力である。それは、病理医で、医療について情報発信している榎木英介氏によれば以下の力に分解される：

① 未解決の問題の中から、博士課程という決められた時間内に解明可能なテーマを設定する力
② 当然と思われていることや画期的な成果を疑ってみる批判的思考力
③ 設定したテーマをどんな手法、プロセスで探求し、解決に導くかを自ら計画・実践するプロジェクマネジメント能力
④ 研究成果を論文にまとめるための論理的思考力
⑤ 研究成果を学会という世界の専門家の集まる場で発表する、プレゼンテーション能力
⑥ 学会でのフィードバックを受けて、より高度な研究へ発展させていく、コミュニケーション力

　この本来の博士教育が行われていれば、「博士教育リーディングプログラム」はいらなかったのではないかと思う。

〈東工大のグローバルリーダー教育院〉

　東京工業大学（東工大）も初年度から各類型に応募することになり、オール
ラウンド型として「グローバルリーダー教育院（AGL：Academy for Global
Leadership）」を平成 23 年 4 月に設置し、応募の準備を進めた。筆者自身は平
成 23 年 3 月に東工大を定年退職したが、このグローバルリーダー教育院と、
学内の情報コンテンツの統合化のための「大学情報活用センター」設立の仕事
に、引き続き 4 月から従事することになった。平成 23 年度の応募に対する選
考は夏に行われ、秋に結果が発表された。その結果、東工大からは複合領域型
で 2 件、オンリーワン型で 1 件が採択されたが、グローバルリーダー教育院は
「文理統合型の教育の条件を満たしていない」という理由で不採択となった。
東工大は理工系の大学だが、社会理工学研究科には文系の教員もいて、それで
も不足する部分は学外から専門家を招いて教育する計画になっていたが、文系
の学生がほとんどいないという理由でプログラムは不採択となった。そこで文
系の大学として、以前から東工大と連携関係にあった一橋大学と、このグロー
バルリーダー教育院でも学生と教員の両面で連携することになり、新たな教育
体系で平成 24 年度に再度応募し、これが認められて文部科学省のプログラム
として正式にスタートすることができた。

　グローバルリーダー教育院の教育を中心的に担うのは「道場」で、発足当初
には筆者を含め 2 人が道場主となり、東工大全体から選抜された学生は両方の
道場に所属して、教育を受けることになった。その後、平成 25 年度から一橋
大学の学生が加わり、道場の数も増えて 4 道場体制になって、学生はこの内の
2 つの道場を選んで所属できるようになった。

　各学生は研究室の教員の指導の下に博士論文のための研究を行い、並行して
道場で「道場導入」を半年、「グループワーク」を半年行う。その後、「オフ
キャンパス」として国内あるいは国外の組織でインターンシップを半年経験
し、道場（実際の場は多くの場合、学外）で「修了プロジェクト」を行った
後、修了審査を経て、本来の専門分野での博士号の取得と合わせて、グローバ
ルリーダー教育院の修了証を受け取ることになった。平成 26 年度末に 1 期生
の 1 人が修了した。修了審査では、本人のレベルに対する評価と、基本的な評
価方法のあり方を含め、種々の議論があった。

　筆者の「古井道場」ではモロッコ全権大使を務められた広瀬晴子氏、原発事故調査委員長を務められた畑村洋太郎氏を含め、国内外で活躍している多数の方々の応援を得て、それぞれの学生が自らが専攻する分野の深い専門知識をベースに、そのスキルを多分野の科学技術の発展に活かすことのできる素養、我が国と世界の文化の理解、さらには技術経営に関する知識、コミュニケーション能力、21世紀を主導する存在として不可欠な俯瞰力や国際性、行動力を養うことを意識した教育を行った。米国カリフォルニア、モロッコ、インドネシア、インドなど、海外に学生を連れて行って現地の大学生とグループワークを行ったり、福島の被災地を訪問して現地で討論したりするなど多様な実体験もさせた。

〈リーダーシップ教育の在り方〉

　文部科学省は、5〜7年程度の短期的で集中的な競争資金的な予算の投下ではなく、真に長期的かつ本質的な教育改革をやろうとしている大学を支援すべきであると思う。AGLのように、全学の数％程度の少数の学生だけを集中的に支援・教育しても効果は限られていて、焼け石に水である。

　アメリカには、このような形での補助金はない。アメリカの教員は教育をビジネスと考え、優秀な学生が集まって、大学の知名度が上がるような組織の構成を考え、構築するのが普通である。そのときの資金にはNSFなどから多少の資金が出ることもあるが、基本的に教員が外部から獲得したgrant資金が使われる。カーネギーメロン大学のロボット研究所は60名規模だがtenure教員は10名くらいで、他は短期雇用の研究者で構成されており、年間1人平均1億円以上のお金を集めている。

　アメリカでは、卒業した学生がその後どれだけ活躍しているかによって教員が評価されるので、教員も真剣に教育をする。学生も自分の将来は自分で切り開いていくしかないので、その気で頑張る。その結果、専門能力だけでなく、コミュニケーション能力などにおいても、日本とアメリカの博士課程修了者に全体として大きな差が生ずることになる。もちろん個人差はあり、日本にも優秀な修了者がいるがアメリカに比べるとはるかに少なく、アメリカ（世界の中心）からは全く見えない。

　日本の教員には学生の全人格的な教育の重要性の意識が乏しいため、学生も
そのような教育が受けにくい。結果として、AGL のような教育に参加する雰
囲気が乏しく、教員のサポートが得にくいため、常に教員の顔色をうかがって
いなければならない日本の学生にとっては手を上げて参加しにくい。教員との
関係が密接な「優秀な」学生ほど、研究室を離れるのが難しくなる。実際、
AGL に参加する学生の動機は様々で、必ずしも将来リーダーになるべき優秀
な学生を教育する場所になっていなかった。

　AGL のような専攻と別建てのシステムでなく、専攻あるいは研究科で教育
改革をしなければうまくいかない。学生が専攻と AGL の板挟みになってしま
う。専攻と別建てのシステムの場合、AGL 教員に教育経験がなく、博士論文
を書くための勉強と研究が如何に過酷であるかを十分に知らないと学生に過度
な負担を強いることになりがちで、すべてがうまく循環せず元も子もなくなっ
てしまう可能性がある。

　短期的なプログラムに「奨励金」のようなお金で学生を釣るのでは、持続性
のある教育改革はできない。博士課程では欧米のように授業料を無料にし、学
生に給費（stipend）を行うことを可能にすべきである。同時に教育・研究の
指導をしっかり行い、質の保証をしっかり行うことが不可欠である。

　リーディング大学院や卓越大学院のような、時限で一部の博士課程学生をサ
ポートするようなシステムでは日本の博士課程は良くならない。

〈我が国のグローバル化のために〉

　我が国が国際競争の中で生き抜いていくためには、国としてのアイデンティ
ティーを保ちながらも、好むか好まざるかにかかわらずグローバル化すること
が必要で、それは海外と国内がシームレス化することである。それは国内から
見た時の海外だけでなく、海外から見た日本がシームレスになっていることで
ある。その実現のためには、よく言われる日本に外国人を呼び込むことを真っ
先に目指すのではなく、それと同時に、あるいはそれよりも日本人が海外で活
躍し、海外から日本が見えるようにすることが大切である。海外での日本人の
存在感がなくなると、海外から日本が見えなくなる。

　研究者の視点から見ると、残念ながら以前に比べて海外での日本の研究者や

学生の活躍が以前よりも少なくなっており、海外からは日本の研究が見えにくくなっている。海外から日本がアニメ、ゲームソフト、食品だけでなく、科学技術やビジネスの現場として良く見えていないと、結局、遊び半分のような人ばかりが日本に来て、世界のトップレベルの環境で働きたいと思っているような一流の人は日本に来ず、我が国の発展の役に立たない。

　学生は海外の大学へ、研究者は論文発表は海外の一流の学会やジャーナルで、研究は海外の研究機関へ頑張って飛び出そう！　英語なんて、少なくともしゃべる内容があって、一生懸命しゃべっていれば大丈夫！　海外の国際会議に参加したなら、日本人だけで群がって食事をするようなことはせず、積極的に自分を海外のリーダーに売り込もう！　日本人の存在感を示そう！

　グローバルな環境はアメリカに限らず、もちろんヨーロッパ、アジア、どこでもよい。日本とは異なる文化、社会の中で、世界中から集まってくる人たち、あるいは現地で頑張っている人たちと、協力しながら、切磋琢磨し、勉強したり働いたりすることは、日本の中でぬくぬくとやっているのに比べれば大変だが、そこから得られるものは極めて大きい。

　海外で働いてみると、それまで知らなかったことが沢山経験でき、新たな知識が身について、日本の良いところと欠点が明確に見えてくる。多くの日本人、特に若者が、勇気を持って海外に飛び出し、海外の人に日本の存在感を示し、厳しさと戦いながら身に付けたことを日本に持ち帰って日本の課題を解決し、グローバルスタンダードに近づけていくことが最も効果的な日本のグローバル化の道筋なのではないかと思う。

　これによって海外の一流の研究者の日本での研究への関心を高め、日本での研究へ誘導することが望ましい。その際の忘れてならない大きな課題が、日本における研究者や教員の給料の低さである。アメリカの研究者は企業ではもちろん、大学でも日本の教員に比べるとかなり高い給料を受け取っている。特に優秀な研究者は日本人の2倍以上もらっている。アメリカでは「いいものは高い！」のだ。横並びが基本の日本でどのように対応するか、大所高所からの決断が必要である。そうして優秀な海外の研究者を仲間にし、世界とのネットワークを活用しながら、日本の研究者がグローバルスケールで科学技術の進展に貢献していくことが不可欠である。

日本には他の国にない良いところがあり、アメリカには貧富の格差の急激な拡大による社会不安などの深刻な問題があるが、日本が世界から取り残され、みんなで貧乏になっていくのはごめんだ。若者は勇気を持って、国力の推移をじり貧状態からプラスに転じてほしい。その上で、アメリカとは違う、良い社会が実現できれば理想的だ。

歴史和解について

　自らの生い立ちに関連して、筆者はライフワークとして、歴史和解の実現を目指している。船橋洋一氏の「歴史和解の旅」（朝日新聞社、2004年）に書かれているように、残念ながら日本は歴史問題にうまく対応できていない。それが障害となって、政治大国になれない。歴代の政治指導者は過去の問題に直面してこなかった。過去を正面から謝罪しない日本は、過去の侵略行為や犯罪行為などの過ちを悪いと思っていない国なのだろうと近隣諸国に思われている。

　ドイツ人が過去と向き合い、反省し、過去を忘れない決意をしたことで、相手の人々は赦しを与え、和解に向かった。相手に対する思いやり、忍耐、広い視野、倫理感覚を踏まえた政治的な解が和解なのだろう。昔の争いを延々と持ち出したり、誰が戦争を始めたのかを蒸し返したりしたら、和解は実現できない。国を愛することは日本と日本の過去を美化することではない。

　加害者意識と被害者意識を克服し、自らの歴史と現在に対する批判者として臨むことが大切である。大量虐殺、侵略、植民地化、強制的文化同化といった、大規模で組織的な人権侵犯が起きてしまった場合に、加害者、被害者ともそうした過去とどう直面し、それを克服していくことができるか、それには何が必要か、いかにして復讐のサイクルを断ち切るかが和解に必要な視点である。

　歴史、とりわけ現代史を正確に認識すること、間違いをはっきり認めること、そこからしか和解はない。容易ではないが、何が実際起こったのかを調査し、その結果を明らかにし、一般に公開することが和解の原点にな

る。次に、公的な営みとして記憶すること、そして謝罪、補償となる。和解とは究極的には、それぞれの個人の心から染み出す悔悟と、心からにじみ出る赦しの交差するところに生ずる潤いを必要とする営みである。長い道のりである。

　和解には国益と安全保障の観点が必要で、未来に向けての地域共同体づくりや、地域安全保障の中での共同作業が必要である。和解の失敗は将来の世代に重荷を残す。和解は心、感情、集団心理、倫理などが混在した事象を扱うから、本質的に政治の営みである。日本における和解論議は、道徳的か条約・法律的になりがちである。あまりにも理念的、道徳的なとらえ方が前面に出ると、和解を進める上で逆効果になる。地域の多様な観点を理解し、それを織り込みながら、対立の過去から共生の未来への政策を形成するための対話の仕組みが必要と思う。

第7章　人工知能（AI）時代のリーダー

〈近年のコンピュータの進歩〉

　TTIC での研究・教育の中心になっている計算機科学（computer science）、特に機械学習の近年の進歩は著しく、期待も極めて大きい。機械学習は人工知能（AI）の中核となる技術である。

　最近では Intelligence（知能）だけでなく、以下のように人間の様々な能力をコンピューティングによって拡張できるようになってきた。

　(1) 遠隔操作による身体能力の拡張

　通信を介してコンピュータとつながる人工物が増え、ネットワークを通じて人工物を操作することで遠隔操作が可能になった。スマートフォンを使用した様々な遠隔操作以外にも、手術や医療用ロボット、危険な環境での作業用ロボットなどがある。

　(2) 人とコンピュータ、人工物の結合（サイボーグ化）

　人体に電子機器を埋め込んで、聴覚や視覚などの機能を代用することができるようになった（人工蝸牛、人工網膜）。BMI（Brain-Machine Interface）は障がいを持った人を支援することが目的であったが、人体と人工物を直接つなぎ、脳の作用を伝達することで、人の身体的な能力を拡張することも可能になってきている。

　(3) 人も物もネットワーク化し、互いにデータをやり取りして処理をする

　コンピュータを含む人工物同士が接続する環境（IoT：Internet of Things）の中で、人工物同士が直接人を介さずに様々なデータ（人の健康状態など）をやり取りし、情報を処理することが行われるようになってきた。コンピュータに人と同じような機能を担わせることを部分的に実現することができるようになった。

　将来のコンピュータは電気や紙や水道など、他の大衆テクノロジーと同じよ

うに姿を隠し、つまり我々の暮らしの素地の中に消えてしまい、どこにでもありながらどこにもないものとなって、ひそかに自然に我々の欲求を実現することになる。

　チップは超高感度のセンサーと組み合わさって病気や事故や非常事態を検知し、手遅れになる前に知らせてくれるようになる。そうしたチップは人間の声や顔やジェスチャーを認識し、音声で会話することもできるようになる。話している相手の名前ばかりか経歴まで、会話のさなかに目の前に映し出せるようになる。チップの価格は1円くらいまで落ち、無数のチップを環境のいたるところにちりばめ、命令を実行できるようになる。

〈ディジタル化による設計や製造の変化〉

　設計から実際の量産までの設計情報をディジタル情報でやりとりするようになった。CAD（Computer-Aided Design）やCAM（Computer-Aided Manufacturing）、さらに3Dプリンタによって、簡単に設計や製造ができるようになった。コンピュータを使えさえすれば、誰でもどこでもものづくりができるようになった。さらにモジュール化によって、汎用部品を組み合わせれば簡単にそれなりの品質の製品が作れてしまう。これは特に電器・電機製品に顕著になっている。世界中の「誰でも」「どこでも」「簡単に」、そこそこの製品を作れるようになった。

　マイクロナノテクノロジーをベースとした製造法の出現により、製品を作るのにかかる費用は重量当たりわずかな金額になり、それに製造プロセスを導く情報の費用がプラスされ、本当の価値はこの情報に属するようになる。すでにこれは現実になりつつあり、ソフトウェアベースのプロセスは、設計と材料の調達からオートメーション工場での組み立てまで、今日のあらゆる製作工程を動かしている。すでに高級車のコストのかなりの部分（1/3くらい）を情報（ソフトウェア）が占めるようになっている。

　電器製品にせよ自動車にせよ、中身はハード＋ソフトで、しかも加速度的にソフトの割合が増えているので、ソフトの性能が製品の性能を決めるようになっている。IBMの事業転換にあるように、今後はビジネス上の様々な問題をコンピュータシステムによるサービスで解決するソリューションビジネスが

大きくなってくる。インドの Tata Consultancy Services（TCS）を訪問する
機会があったが、TCS による日産の電気自動車「Leaf」の設計が、その良い
例である。TCS は世界中から、あらゆるシステムやものの設計を請け負って、
30 万人の従業員（技術者）を毎年 1 割ずつ増やし、急成長を遂げている。

　情報がディジタル化することで、社内に情報を集約化するハブを作ることが
可能になった。ディジタルものづくりは商品開発のスピード、調達のスピード
とコストダウンを促進する大きな武器になっている。これまで生産拠点に過ぎ
なかった新興国がオリジナルの製品を作る生産国になり、さらに消費国に変
わった。生産現場も市場もグローバルに大きく変わった。このような変化へ対
応し、先行できるかどうかが、これからの企業の発展の鍵である。

〈深層学習による AI の進歩〉

　従来のコンピュータは、人間がプログラムを与えなければ何もできなかった
が、これからは人間がコンピュータにデータを渡し、望ましい結果を指示する
だけで済むようになる。コンピュータが機械学習によりデータの内容を自動的
に理解し、適切な行動をするようになる。アメリカのクイズ番組「Jeopardy!」
で人間のクイズ王に勝利した IBM の質問応答システム「Watson」は莫大な
データ量に依存していた面が大きいが、最近のコンピュータ将棋や囲碁のプロ
グラムは強化学習を含む機械学習アルゴリズムの急速な発展を反映している。
将棋でも囲碁でも、コンピュータの方が人間のプロよりも強くなった。コン
ピュータは「定跡（定石）」にない、あるいはそれを覆すような、今まで人が
考えたことのないような手を出してくる。いわば将棋や囲碁の幅を広げるのに
貢献している。深層学習（Deep Learning）などの機械学習アルゴリズムと、
コンピュータやネットワークの処理速度の向上に支えられた処理可能なデータ
量の急激な増大が進歩を支えている。

　深層学習が有効な理由は以下にある：
- 単純な非線形ネットワークを多段に積み重ねることによって、複雑な非線
形処理が実現できる。どのような複雑な計算処理もほぼ実現できる。
- 確率的勾配降下（probabilistic gradient descent）法によって、いかなる
計算処理をするネットワークも効率的に学習できる。

- 記号の世界から、意味的距離関係を持った多次元ベクトル空間（実数値連続領域）の世界への変換（分散表現）が合理的にできる。
- ビッグデータを用いることにより、入力から目標出力までのプロセスを全体として最適化することができる。
- 表現学習（representation learning）、すなわち与えられたデータのどこに注目し特徴量として表すかという特徴抽出方法の学習がネットワークの最下層で自動的にできる。
- より抽象化された高次の特徴についても、ネットワークのそれぞれの階層で、自動的に学習される（多様な音声や多様な画像に共通の特徴は入力に近い層で、言葉や物体の名称に近い区別は出力に近い層で自動的に学習される）。
- 従来からの誤差逆伝搬（backpropagation）学習法に加えて、Dropout などの新技術と GPU を用いた並列計算により、膨大なデータを用いた頑健（robust）な学習ができるようになった。

　近い将来、人間が到底到達しえないような冷静、的確な判断において、AI の方がはるかに上になる。弁護士や医者など、専門職といわれている分野で AI の方が人間に勝っていく。人間の弁護士は法律や判例を覚え、今のケースに当てはめて判断するが、すべてを覚えることはできない。医療も同様で、相当優秀な医者でも世界中の人間が受けた治療の事例（大量の病状を示すセンサー情報、遺伝子情報、治療法、その結果など）のすべてを覚えることはできない。これから人間よりも的確な情報をコンピュータが持つようになり、膨大な情報（ビッグデータ）に基づく判断においてもコンピュータにかなわなくなる。AI は経験の共有・集約が容易にできるので加速度的な進歩が実現できる。近い将来、データを分析してアルゴリズムを開発するホワイトカラーやプログラマー、データ分析を生業とするデータサイエンティストの仕事すらも、コンピュータが担えるようになる。

　Google、Facebook、Amazon、Apple、Microsoft、IBM など、多くの企業が AI あるいは機械学習をターゲットとした研究センターを作って、大量の優秀な研究者や技術者を集め、多様なアプリケーションを対象とした研究開発を進めている。Google、Facebook、Amazon などは、世界中の出版物、文献、

ネット上の知識、ユーザの検索履歴などから膨大な知識を自動的に獲得して、AI の改良を進めている。人間の誰よりもはるかに大量の本を「読んだ」コンピュータが出現し、その知識に基づいた判断ができるシステムができてくる。

　IBM、NEC、東芝など多くの IT ベンダー各社で、機械学習を使った製品やソリューションの商用化が動き出している。今後は、一般の企業が IT ベンダーから技術を調達して、様々なビジネス領域で機械学習を活用できるようになる。

　IBM や主要大学は膨大な文献や生体・遺伝子情報を収集・解析し、病気の早期発見・治療に役立てる研究を進めている。

● トロイの木馬

　Google、Apple、Amazon、ソフトバンクなど IT 企業は自動車や家庭など、我々の日常生活に一種のロボットを浸透させようとしている。これらのロボット情報端末をインターネットに接続してビッグデータを収集し、個々の消費者に向けたターゲティング広告の精度を高めたり、新たな製品やサービスの開発に結び付けたりするのが目的である。AI 技術の製造プロセスへの適用という方法で企業にも入り込み、情報を吸い上げようとしている。情報端末としての次世代ロボットはあらゆる業界の企業や一般消費者について深く理解し、内側から支配するために投入する「トロイの木馬」なのである。

　そのトロイの木馬は、これから高度な AI を搭載して、自律的に動く汎用ロボットになっていく。このような研究がアメリカで現在、DARPA 主導の産学連携で急速に進んでいる。人型ロボット「ヒューマノイド」の研究もアメリカで活発化しており、AI と組み合わせた次世代ロボットの開発がシリコンバレーの新たなロボット産業の潮流になっている。日頃見慣れた既存製品も、AI やロボット工学の導入によって全く新しい製品に生まれ変わろうとしている。掃除ロボットや自動運転車も次世代ロボットと言える。この AI ロボット化のトレンドは、その川下にあるすべての産業（タクシー業界、運送業界など）へ波及していく。自動運転車は世の中の仕組みを大きく変える。Google は自動運転車を含み、次世代ロボット用の AI 型 OS を押さえようとしている。

　Amazon、Facebook、Google、IBM、Microsoft などは、莫大な投資をして

種々の自社サービスを対象とした AI を開発しているだけでなく、これらの多くが他の企業を対象とした AI のクラウドサービスを始めている。AI の技術は今後ますます複雑化し、個々の企業で技術開発をしたのでは莫大な投資に耐えられなくなるので、このクラウドサービスのニーズは必ず大きくなる。これらの企業は AI の技術開発スタートアップを吸収し、ますます大きくなる。アメリカでは、大学でも AI を含む計算機科学の教員を急速に増やし、学生数も急速に増やしている。日本がこれらの圧倒的な流れに取り残されず、存在感を示していくにはどうしたらよいか、その対策が急務になっている。

　日本から、アメリカを中心とするこのような流れを指をくわえて見ていたのでは、格差が広がるだけである。いずれ日本の企業は、欧米の企業に開発を頼んでしまった方が安上がりということになりかねない。そうすると膨大な貴重なデータベースが、それら欧米の企業に流れてしまうということになる。

　グローバルな流れに食いつき、参加し、リードできるようになるためにはどうしたらよいか？　このためには日本の有能な人材が国際会議などでの情報交換にとどまらず、海外での研究開発の流れに参加し、貢献し、この分野のリーダーの一員になることが不可欠である。

〈Singularity（技術的特異点）〉

　Ray Kurzweil『The singularity is near : When humans transcend biology』（ポスト・ヒューマン誕生─コンピュータが人類の知性を超えるとき）によれば、GNR 革命（遺伝学 genetics/genetic engineering・ナノテクノロジー nanotechnology・ロボット工学 robot engineering（人工知能 artificial intelligence））で社会が大きく変わる。コンピュータを基盤とした人工知能（AI）はコンピューティングの技術の進歩にも支えられ、AI の進化が AI の進化を生んで指数関数的に発展する。多数の技術の進歩が絡み合い、相互作用や無数のシナジーが生まれ、パラダイムシフト（イノベーション）が起こる。2045年には AI が人類全体の知能を追い抜く。「人工超知能（ASI : Artificial Super-Intelligence）」の出現である。この時点を"Singularity"（特異点）と呼んでいる。このような AI と人の知能が結びつくことにより、人類の生活が後戻りできないほどに変容する。

　Kurzweil によれば、分子レベルで設計されたナノロボット数十億個を脳の毛細血管に送り込み、人間の知能を大幅に高めることができるようになる。ナノ技術でできた身体は、人間の生身の体よりもはるかに性能が良く長持ちする。脳がコンピュータと直結してオンライン化され、新しい知識や技術をダウンロードできるようになる。考えただけで、答えが得られるようになるかもしれない。しかし、それでは本来の脳が退化する恐れがある。

　人間の仕事の意義は音楽や芸術から数学、科学まで、あらゆる種類の知識の創造に向けられる。遊びの意義も知識を生み出すところにあり、仕事と遊びにはっきりした区別がなくなる。

　AI がいつ総合的に人間を超えるかは、Kurzweil は 2045 年くらいと言っているが、まだわからない。しかし、AI が今後、着実に進歩することは間違いない。現在、人がやっている仕事の多くは AI（コンピュータ）に任せた方がよくなる。AI が市場を出し抜き、発明、特許取得で人間の研究者を圧倒し、大衆操作で人間のリーダーを上回ることになるかもしれない。人間のプロよりも強い囲碁ソフト「AlphaGo」を開発した Google DeepMind の Demis Hassabis は、まだ解けていない物理の問題を解く AI scientist（AI 科学者）を開発すると言っている。これから AI は、あらゆる基礎科学と融合し、連携して進歩していく。これによって AI 自体だけでなく、基礎科学も新たな進歩のフェーズを迎える。人が解決できないような難しい問題、例えば国際問題、気象変動への対処法なども、AI に解決策を任せた方がよくなるかもしれない。国内・国際経済に有効な指令を出せる AI を持つようになると、経済自由主義や資本主義は終わりを迎えるかもしれない。

＊

Singularity の本質に関して、次のような課題がある：

(1) 将来の AI を人と見なすべきなのか、「もの」と見なすべきなのか？

(2) 将来の AI が知的創造を行って利益を上げた場合にその配分をどうするのか？

(3) AI を作った人の知的財産権などの権利はどうなるのか？

(4) AI を停止させる権限、装置はあるのか？

人間よりも数桁分も高い知能を備えたマシンの道徳性が中立だったら、その

ような慈悲深く、超絶的に知能の高いマシンに世界を統治させるべきではないのかという考えもあり得る。政治家に任せるより、AIに任せた方が世の中がよくなるかもしれない。AIが一国のリーダー、例えばアメリカの大統領になる時代が来るかもしれない。「AI裁判官」はできるだろうか？　「情状酌量」のような温情的な人の心をAIは持てるだろうか？

　そこまで行かなくても、AIシステムは人が何かを決めなければならないときに、考えられる最良のアドバイスを与えてくれるようになる。すでに将棋のプロの棋士でも、その多くがコンピュータソフトを信頼して、自分の腕を磨くために活用しており、これによって、実際に棋士の指す将棋の内容も変わってきている。AIシステムは家庭を運営し、自動車を運転し、銀行口座、投資を管理し、あらゆることを処理してくれる。将来のあらゆるシナリオを検討して最良の方向をアドバイスするので、多くの成功をもたらしてくれる。失敗するのを防いでくれる。しかし、これによって失敗を通じて人が賢くなるというプロセスがなくなるかもしれない。道徳的なジレンマに襲われることもなくなり、謙虚さを失う危険がある。人が機械のようになってしまう。それは本当に我々が望んでいることだろうか？

　後で述べるように、現在のAI技術はブラックボックスなので、望ましい結果を得ることができても、なぜそのような結果や判断がされたのかを説明するのが難しい。AIの中での意思決定過程が見えなくても、人は安心できるだろうか？

　好むと好まざるにかかわらず、これからはAIと人間が共存せざるを得なくなる。AIに負けないためにはAIと人間の知性が結びつくことが必須で、それによって新たな仕事や価値が生まれ、人類の生活が変容する。人間はAIにない判断力、創造性を持ち、AIを使いこなして賢くなることが必要である。

〈これからのAIの課題〉
　音声認識、映像認識、自動翻訳、質問応答など、種々の技術は今後着実に進歩するが、深い意味での脳のreverse engineering（動作原理の理解）や脳のシミュレーションにはまだ時間がかかる。人の脳が実際にどう活動しているかを解明し、それを忠実に実現するまでには時間が必要なので、当面は工学的な

方法（機械学習）での AI が主流となる。それでも人間の能力を凌駕する AI
システムが、これから次々に出てくる。AI は人間と同様に、あるいはそれ以
上に、多数の AI とつながることによって経験の共有・集約が容易にできると
いう特徴があり、それが囲碁の AI を含め、AI の急速な進歩の原動力となっ
ている。

　今の AI には、得意とすることと不得意とすることがある。人間にとって難
しいこと（沢山の顔を覚えることなど）は AI にとって簡単で、人間にとって
簡単なこと（知覚や理解や行動）は AI にとって難しい。現在の AI にはまだ
できないか不得意なことには、次のようなものがある：

- 判断の理由を説明すること
- 論理的思考、抽象化、推論
- 因果関係、包含関係、コンテキストなどの階層化された知識を用いること
- 常識を身に着け、用いること
- 自然言語の意味や対話の流れを理解すること
- 与えられた学習データにはなかった新たな状況に対処すること（ただし、
  囲碁や将棋のように、特定のルールが定められて「閉じた世界」になって
  いる場合は、学習用データが与えられなくてもコンピュータが自ら学習で
  きる）
- 音声、画像、翻訳などの分野に依存しない一般的な問題解決（Artificial
  General Intelligence）
- 3 次元や 4 次元の時間・空間イメージ（世界観）を持つこと
- 適切な疑問や問題を提起すること
- 創造性を発揮すること
- 心（意識）を持つこと

　現在の深層学習は、その理論的解析が困難なため、経験や試行錯誤に頼る度
合が大きいのが技術的課題と言える。多くの研究者が音声、テキスト、映像、
言語などの AI の具体的課題を対象として、種々の形や構成の DNN（深層
ニューラルネット）や RNN（再帰型ニューラルネット）を試し、その結果を
共有することによって技術は日々進歩しているが、その裏付けとなる理論はほ
とんどない。DNN は言わばブラックボックスで、入力に対してどうしてその

ような出力が得られたのかが説明できない。このため誤りを生じた場合にその原因を追究するのが難しく、学習データから外れた対象に対してどのように振舞うか予想がつかない。そもそも現在の DNN がどうしてこんなにうまくいくのかがわかっていないということもできる。これは AI を多くの実際の場面に活用する場合に問題となる可能性がある。例えば、AI に基づく医療機器の性能（品質）をどのように担保するのかは難しい課題である。ただし、よく考えれば、人間の医師も理屈を言うことはできても、性能が担保されているとは言えないかもしれない。

　現在のように、画像や映像を認識する AI、音声を認識する AI、翻訳をする AI などをそれぞれ個別に開発するのでなく、いずれ人間の脳に近い、多様な能力を持った人工汎用知能（AGL：Artificial General Intelligence）が開発されると思われるが、まだその道筋は見えていない。

〈AI の使い方の課題〉

　2018 年 5 月初めに Google が開催したイベントで、AI 音声対話システム「Google Duplex」のデモがあり、それが大きな話題になった。Google のユーザは AI システムに音声やキーボードで指示して、自分の代わりにレストランやヘアサロンに電話をかけてもらい、予約などをすることができる。システムは自然な人間の声で店に電話して、あたかも人間であるかのように相槌を打ちながら店の人と会話をし、もしユーザの条件にぴったりの予約ができなければ、店の人との会話を通じて条件に近い予約をしてくれる。

　これには Google がこれまでに集めた人と人の膨大な対話のデータベースや、音声のデータベースを用いて開発した音声認識、対話理解、音声合成技術などが用いられている。デモではうまくいく場合しか見ることができないので、どれだけ一般的な対話ができるのか、どれだけ多様な声が作れるのかなどわからないことが多いが、大きな技術的進歩が起きていることは確かなようである。

　このような、言わば人間そっくりの AI システムができてくると大きな問題が生ずる。AI からかかってきた電話を受けた人は、それが AI からとはわからず、普通の人からだと思って対応するが、もし何らかのきっかけで実は相手

が AI だということがわかったら、「だまされた」という感覚を持つであろう。その不快感を避けるためには、倫理的な基準として、AI は自分が AI であることをあらかじめ相手に伝えてほしいという要望が寄せられ、Google はシステムが「クライアントに代わって電話をしている」ということを最初に伝えるように変更した。そのときに電話を受けたお店の人は、AI と楽しく会話を続けるだろうか？　AI の側は、あたかも人間のように相槌を打ったりする必要があるだろうか？　もっと単純なやり取りが、むしろ好まれるのではないだろうか？

● 倫理的・法的な問題

　最近では、GAN（敵対的生成ネットワーク、Generative Adversarial Networks）を用いて、声だけでなく、誰かにそっくりの画像や実在しない人の（あたかも自然な）画像を作ったり、オバマ元大統領があたかも自分でしゃべっているかのような映像を作ったりできるようになった。これによって人間が見ても本物と見分けがつかないリアルな画像を生成できるようになり、ディープフェイク（Deepfake、ニューラルネットワークで実際の画像を改変して精巧な偽画像を作成する技術）の脅威が、テレビ番組などでも盛んに取り上げられるようになった。人が書いた原稿と区別がつかない偽ニュース記事も容易に作れるようになっている。自分の目や耳が信じられなくなっているのである。

　ロボットが一見してロボットとわかった時代にはこのような問題は起こらなかったが、技術の急速な進歩によって問題を生ずるようになってきた。人間や動物のような運動能力を持ったロボットの開発で先頭を切っているアメリカの Boston Dynamics 社が、高度な能力を持った動物のようなロボットの販売を始めた。その動き回る様子は極めて自然で、もし犬やロバのぬいぐるみをかぶせて歩き回らせたら、本当の犬やロバと間違えるのではないかと思われる。

　AI が自分を人間のように見せかけることができるようになると、倫理的な問題が生じるだけでなく、詐欺などに使われる可能性が極めて大きくなるなど法的な問題も起きる。技術の進歩を止めることはできないので、その利用法に関しては適切な基準の設定や規制をしていく必要があるだろう。

● つらい労働からの解放

　AI の進歩は、高齢者や障がい者を含む多数の人々に恩恵を与え、我々の人生を豊かにし、健康を支え、幸福に貢献する。仕事を奪う可能性もあるが、新たな職業も生まれてくる。多くのつらい労働から解放される。

　「Google Duplex」のデモに関しては、技術（AI）を使いこなす人だけが一種の特権を持つようになる例であると指摘する人もいる。AI を使える人は退屈でつらい仕事を AI に任せられるが、使えない人は自分でその仕事をしなければならなくなるかもしれない。

● コミュニケーション，プライバシー

　AI とのコミュニケーションが生活の大部分を占めるようになって、人と人とのコミュニケーションが失われるのではないかと危惧する人もいる。現在でも、同じテーブルを囲んでいる人同士が、LINE でコミュニケーションしているケースを見かける。家族間でも直接話すよりも LINE で話す方が多いという人もいる。しゃべれば「ごめんね」で済むことが、LINE やメールで喧嘩を始めると収束させるのは難しい。顔の見えないテキストだけでのコミュニケーションが、極端なヘイト発言や炎上を生んでいる。ちょっとしたおしゃべりの大切さが忘れられ、すさんだ社会が広がろうとしている。

　AI による顔認証技術、話者認識技術、動作解析技術などの進歩、スマートフォンなどによる利用者の位置情報の捕捉などにより、技術の便利さと個人のプライバシーをどのようにバランスさせるかが重要な課題になっている。種々の AI システムの構築には膨大な学習用データベースが必要だが、そこに含まれる個人情報を完全に除去するのは難しい。データの有用性とプライバシー保護のバランスをとる必要がある。

　一般に実社会から集めた学習データは、現実的に存在しているバイアスを反映しており、それをそのまま用いると、AI がバイアスのかかった不公正な判断をすることになる。例えば AI 面接などで、人種や性別に影響された判断を生ずる可能性がある。AI は判断の理由を説明しないので、不公正な判断になっていないか十分注意する必要がある。

● 兵器への利用

　AI 技術の負の側面として、自律型兵器システム（AWS）、致死的自律型兵

器システム（LAWS）などの兵器への利用、ロボットとロボットの戦争、テロリストによる AI システムの悪用がある。AI システムへの悪意を持った攻撃も、大きな脅威になる。これらをいかに防ぐかが、今後の重要で難しい課題である。

＊

　AI は、間違いなくこれから急速に発展する。その利用が行きすぎないようにバランスをとり、間違った利用が進まないように人間の英知と知性を発揮することが極めて重要になるだろう。

〈AI は心を持てるか〉

　『AI は"心"を持てるのか─脳に近いアーキテクチャ─』（George Zarkadakis："In our own image-Will artificial intelligence save or destroy us?"）は、AI が、そしてその一例としてのインターネットが「意識（心）」を持つようになるだろうか、その時に世界が AI に征服される恐れはないのか、ということを論じている。神経科学の研究により、意識は物理的なプロセスによって脳内に作られることがわかっている。我々の素晴らしい心は物理を基礎にしており、物理的に可能なことはすべてテクノロジーで実現できる。しかし、膨大な数のニューロンの放電が、どのようにして意識の表現にエンコードされるのかはわかっていない。その物理的プロセスと同じ機能を AI が実現すれば意識を持つことになるが、どのようなアルゴリズムでそれが実現できるかはわかっていない。

　意識は膨大な量の混沌とした意識されない心理作用が新皮質で統合された結果で、それが脳細胞が実行するどのような論理的アルゴリズムで実現されているかを解明するのは極めて難しいと思われる。倫理的な判断、創造力など人間の最も本質的な側面が、もし論理的な表現を超えたところにあるとすると、それを AI で実現するのは難しいだろう。また、同じ人間でも内部の主観的な世界については客観的に確かめられないのと同じように、知的なマシンの内部世界を知ることはできないかもしれない。つまり、意識を持つ AI は仮説的に可能だが、実験的には確認不能であるということになる。

● AIの制御/「考える力」

　だいぶ前になるが、映画「Transcendence」を成田からシカゴへの飛行機の中で見た。Ray Kurzweil の「Singularity」がベースになっている。AIの世界的研究者の死後に、その脳の中身を移植したコンピュータが、ネットワークとスーパーコンピュータの力を用いることによって暴走を始め、止められなくなった。結局、コンピュータにウィルスを注入して止めざるをえなくなったが、それを実行した結果、世界中のコンピュータシステムが崩壊し、世界中の電力システムを初めとするあらゆるシステムが崩壊して、世界中が荒廃してしまったというストーリーである。この種の暴走をどう食い止めるかが、今後大きな課題になる可能性がある。

　どのようにしたら、AIに正しい行動規範を育ませることができるか、権力者がAIを使って統治するのを如何にしたら制御できるかは重要な課題である。

　人間の人間たる本質は知性にあり、知性は知識と経験の組合せによって磨くことができる。これでよいのか？と考える力がそのベースで、インターネットから容易に獲得できる知識や、ひとりよがりの経験のどちらか一方だけでは知性を磨くことはできない。さらに知性は、時代とともに変わる。AIに正しい行動規範を育ませる仕組みが作れるとすれば、それは人間の知性であろう。多様な能力を持ったAGIや、人間が理解できないASIが出現したときに、人間の知性がそれを制御できなければ人類の将来はない。

　これからはAIでできない判断力、創造性が持てるか、AIをどれだけ使いこなせるかがリーダーを決めることになるだろう。AIに任せて考えることをやめてしまったら、人間の将来はない。将棋の棋士にもコンピュータソフトに頼れば効率的だが、自分で考える能力が下がってしまうのではないかと危惧している人もいる。知識の量ではAIに敵わなくなるから、AIに負けないためには知識を使いこなし、問題を見つけ、解決し、創造性を発揮する知性、あるいは知恵を磨くことが必要である。将棋の羽生善治は、その本の中で「『知識』は、『知恵』に変えてこそ自分の力になる」と言っている。そのベースは知識や情報におぼれず、「なぜ？」と思う意識と自分の頭で「考える力」である。

＊

　今後、AI技術開発での国際競争は熾烈になってくるから、そこで負けないためには、国際競争と国際協力でリーダーシップを発揮できるリーダーの重要性が極めて大きくなる。現在のアメリカでのAI研究の流れが圧倒的であると言っても、日本の研究者がこれから存在感を示し、リードする分野を作ることは不可能ではない。しかし、日本の研究者が世界から孤立して世界をリードすることは極めて考えにくく、あくまでも世界的な進歩の一翼を担う形での貢献しか考えられない。このようなリーダーが増えてくることを期待したい。

〈ネット・**AI**・知性〉

　ツイッターにおぼれているアメリカの前大統領だけでなく、日本人の多くがネットでつながることに一生懸命になりすぎている。常に誰かとつながっていたい、常にメールをチェックしないと落ち着かないといった、いわゆるネット依存症で膨大な時間とエネルギーが無駄に使われているのはもったいないが、それ以上に、それで仲間になった気になったり、理解しあった気になったりしているところに深刻な問題がある。ゲームでも瞬発力だけが要求されて、考える力が求められない遊びに熱中し、ネットでも即座に返事をして相手とつながることばかりに一生懸命になって、物事を考えなくなっているのではないだろうか？

●人と人とのつながり/出会い

　『人類の未来―AI、経済、民主主義―』（NHK出版新書）という本の中で、2人の有識者が次のように述べている。

　　「人間は本質的にとても社会的な動物で、身体が非常に大きな哺乳類でありながら群生するのは人間だけである。群生するから、これだけの生産をすることができる。人生の意味は、他の人達との関係にあり、他の人達との関係と、他の人達に何をしてあげられるかという感覚が、誰にとっても人生の意味になっている。他の人達との関係性とそれに付随する思いこそが大事である。」--マーティン・ウルフ（イギリス・フィナンシャルタイムズ紙の経済論説主幹）

　　「人間は非常に社交的な動物で、お互いに助け合うことで善をなしている。これが善の定義で、利己的でない生き方を意味する。人間は本質的にそう

いう存在だから、利己的でない生き方をすることで、自分自身が幸せになることができる。」--フリーマン・ダイソン（アメリカ・プリンストン高等研究所教授）

このような人間関係は、ネットでつながっているだけでもある程度は構築できるが、ネットだけでつながっている人間関係は極めて脆い。実際に会って深く議論することによって、初めて真の人間関係が構築でき、考え方や考える力を学ぶことができる。

今や誰でもネットから膨大な知識を得ることができるが、知識をどう使うか、どうやって面白いことを見つけ出すかは、人と話をしなければなかなか身に着かないし、面白さがわからない。人はお互いに経験を共有し、それに新たな価値を加えることによって賢くなる。

実際に会っていないとできないこと、入ってこない情報が沢山ある。「こんなすごい人がいる」、「なんだ、自分と同じじゃないか」、「大したことない」とか、これだけでも成長になる。多種多様な人と会い、人間関係を築ける人が成長できる。

「タイミング」、すなわち適切な時に適切な場所にいて適切な人と一緒にいることが、人生の成功のカギである。ノーベル賞の山中教授も適切なタイミングで日本を離れてアメリカの研究所で過ごしたことが転機になり、iPS細胞の研究につながったと述べている。

自分にしかできないことは何か、自分だからこそできることは何かを常に考え、たとえ孤軍奮闘になっても失敗してもあきらめず、ことの本質を極めようとする姿勢が大切である。しかし、大きなことを成し遂げようと思ったら一人ではできないので、人と交渉し説得し、仲間を増やす能力を磨くことが必要になる。人の流動性が高く、仲間づくりが容易にできることが、アメリカにおける科学技術研究の成功を支えている。

● ネットコミュニケーションの罠

ネットでつながっている関係からは、何が真実なのか、本心なのか、何が本音なのかをつかむのは難しい。それを隠せるのがネットコミュニケーションということもできる。嘘の数が多すぎて手に負えないと思わせて目をくらませる

ことは広く行われている。それよりも危険なのは、嘘に慣れてしまうという現象である。これを最大限に利用できる権力者は人々を不安状態に置き、社会を不安定に保って権力を維持していく。その結果、人々はあらゆることに対して不信感がつのって意気消失し、それに慣れてやる気を失い、おとなしく凡庸になり、「しょうがない」で統治者の意のままになることになる。

　今後 AI は加速度的に進歩し、生活を変える。データや知識に基づく判断はコンピュータに任せ、人間は AI を使いこなすとともに、AI にできない判断力や創造性を持てることが必要である。多様な能力を持った AGI や人間が理解できない ASI が出現したときに、人間の知性がそれを制御できなければ、人類の将来はない。

＊

　残念ながら、EU 離脱（Brexit）を決めたイギリス、5 年前トランプ氏を選んだアメリカ、他人任せの日本を含め、今の社会は逆に知性を失いつつあるようにも見える。人間が、ネットから入ってくる知識に頼って何も考えなくなり、何でも AI に任せるようになったら絶望的だ。知性を磨き、AI を使いこなせるようになろう。そのためには人間同士がその社会性を発揮して、しっかり物事を考え、お互いに知性を高め合い、成長し続けることが必要だ。

終章

TTIC 学長からの退任

〈新たな学長探し〉

　TTIC の学長の任期は一期 3 年と定められている。2013 年の 4 月に学長に就任し、2015 年 10 月の理事会で 3 年の任期が終了する 2016 年の 4 月から、さらに 3 年間学長を続けることが要請され引き受けた。その 2 期目の 3 年目を迎えるタイミングで、3 期目を務めず、計 6 年で退任することを決めた。その主たる理由は、それまでの約 5 年間で TTIC の基盤をある程度安定化させ、将来の成長への道筋をつけたので、新たな学長の下で新たな一歩を踏み出すのがよいと考えたからである。もう一つの重要な理由は、序章で述べたように筆者は、外国人がアメリカで専門的な職業で働くことを許可する H-1B という非移民ビザで滞在しており、滞在期間が最大で 6 年となっていて、それ以上続けるためには永住権を申請するか、1 年以上アメリカ国外で生活することが条件となっているためである。

　2019 年の 3 月末で退任することを 2018 年 1 月の ExCom で筆者から委員に伝え、討論の結果、直ちに新たな学長の選考を始めることになって、筆者を含む 5 名の理事からなる学長候補選考委員会を設置した。委員の半数以上は寄付団体と無関係となるように、また各委員は理解領域が多様であるよう、TTIC 運営の異なる視点（シカゴ大学関係の視点、TTIJ 関係の視点、独立的な視点）に関する知識を代表する者とした。MIT の Grimson 教授が委員長に、筆者が副委員長に選ばれた。学長に望ましい条件、選考プロセス、選考スケジュール、引継ぎ方法等について議論がなされた。候補者探しを含む選考プロセスに、リクルーティング会社を雇うことになった。また、TTIC の中に選考委員会を補佐するローカルの委員会を設置することになった。

　その後、学長候補選考委員会で、リクルーティング会社と協力しながら公募

書類、スケジュールなどを作成し、それに従って教員からの候補者リストを含めて公募が行われた。多数の候補者について、直接勧誘を行ったり種々の調査検討を行ったりして徐々に候補者を絞り、2018 年 10 月初めにシカゴのホテルで 8 名の候補者について選考委員会による面接を行い、最終候補者を 3 名に絞った。その 3 名に、11 月初めにそれぞれ丸一日 TTIC を訪問してもらい、学長、教員、事務職員、学生および一部の理事による面接を行った。その面接参加者によるコメントを選考委員会で集め、それを考慮して議論をした結果、3 名のうちの一人（UC Santa Barbara の教授で、コンピュータサイエンス学科の学科長を務めていた Matthew Turk 氏）を望ましい候補者として選んだ。

　その最終候補者と給料、手当、就任時期を含む種々の条件についてリクルーティング会社を通じて交渉を行って、12 月末に合意に達し、本人から学長職を引き受けたいとの回答を得た。これをベースに TTIC の全理事に書面による同意を求め、全員からの同意が得られたため正式決定となった。Turk 教授が務めていた学科での新教員採用プロセスや学生の指導などへの影響を最小限にするため、採用決定の発表は 2019 年 3 月 1 日とし、TTIC 学長への就任は 2019 年 7 月 1 日に決めた。また、Turk 教授が TTIC で学生への教育や研究指導ができるようにするため、本人の希望を受けて TTIC での tenure のポジションへの審査を行い、4 月の理事会でこれを承認した。

　新学長の就任が 7 月 1 日となったため、本来の予定では筆者は 3 月末で TTIC の学長を退任する予定であったが、さらに 3 か月、6 月末まで任期を延ばすことを 4 月の理事会で決定した。その前に、任期の延長が必要になることがわかった時点で、ビザの延長手続きを行った。上で述べたように H-1B ビザは 6 年までが最長であるが、筆者の場合、アメリカに滞在していない日数が多いため、それを理由に 2020 年の 2 月 14 日までの延長が認められた。

〈新学長への引継ぎと TTIC 理事長就任〉

　2019 年 3 月の初めの、筆者が TTIC に滞在している日に、Turk 教授に TTIC まで来ていただき業務を引き継ぐための種々の打ち合わせを行った。筆者が使っていたシカゴ大学の教職員用のアパートにも立ち寄っていただき、これを引き続き使うかどうか検討してもらったが、奥様（トレーナー）の仕事場

所の自由度などを考慮して市内に住むことになったため、筆者が使っていたアパートは 6 月末で完全に空にすることになった。

　アパートの家具、電気製品（備え付けのオーブン、食洗機、冷蔵庫などを除く）、食器などの写真を撮って、TTIC の教職員や学生が見られるサイトに置き、希望者に引き取ってもらった。日本から持ってきたものや自分で購入したものは運送会社に依頼して東京の自宅に送り、残ったものはすべて寄付することにして、業者に引き取ってもらった。

　5 月 20 日の夕方に、シカゴの日本総領事公邸で筆者の送別会が開かれ、シカゴで親しくしていただいた方々が招待されてディナーと会話を楽しむことができた。6 月 28 日の午後には、TTIC で筆者の Farewell Reception が行われた。CAO を含む多数の方々のスピーチがあり、筆者は挨拶の後、家内のピアノ伴奏でフルートの演奏を行い、TTIC 関係者への感謝とした。在任中の写真と、多数の方々からの寄せ書きを入れたアルバムと記念品をいただいた。7 月 1 日〜3 日に新学長への引継ぎを行い、7 月 4 日の飛行機で日本に戻った。アメリカでの学長の仕事と生活を完全に終えてアメリカを離れる日を、アメリカの独立記念日に合わせた。

　新学長の歓迎イベントを 2019 年 10 月 3 日（木）と 4 日（金）に行った。学長の選任は理事会の役目であるので、学長の歓迎イベントは理事が参加しやすい時に行うのが適当ということになり、10 月の理事会につなげて行うことになった。理事会は 4 月と 10 月の第一水曜日に行う慣例になっているが、10 月の第一週は秋の学期の最初の週で、授業をこのイベントのために潰すことはできないため、イベントを授業がない金曜日に行い、理事会をその前日の木曜日に行うことにした。理事会とディナーを市内の Waldorf Astoria ホテルで行い、金曜日の午前中に歓迎式典、午後に技術講演を集めたシンポジウムを行った。

　筆者は当然、そのすべてに出席する予定であったが、不幸なことに、その 4 週間ほど前の 9 月 7 日に東京の渋谷駅の階段で躓いて、階段の中ほどから一番下まで 10 段以上、真っ逆さまに落下し、左上腕の骨を開放・複雑骨折してしまった。額なども階段にぶつけて、身体のあちこちから大量の出血があり、救急車で慶応大学病院に運ばれて、緊急の手術を 4 時間ほどかけて行い、入院し

た。CT 検査の結果、幸い脳には異常がなかった。9 月 11 日に本格的な手術を
5 時間ほどかけて行い、骨は 2 枚の金属プレートと多数のネジで接続された。
1 週間ほどで退院し、9 月 24 日にはギプスがはずされて、毎日つらいリハビリ
テーションを行うことになった。その結果、上記のイベントが行われる頃には
左手もかなり使えるようになったが、主治医から外国出張を止められた。出張
中に不測の事態が起きて、骨を接続しているネジがはずれたりしたときに対応
できないというのが理由である。

　このため理事会には電話で参加し、その夜のディナーと翌日の式典およびシ
ンポジウムは欠席した。イベントでの挨拶は、原稿を Blum 教授に事前に送っ
て代読してもらった。幸い、これらの行事は盛大に行われ、筆者の在任中の功
績について多くの参加者が触れてくださったとのことである。

＊

　理事会の決定により、2019 年 7 月 1 日から TTIC の理事長となった。前に
書いたように、トヨタ関係者以外から理事長が選ばれるのは初めてである。ア
メリカでは理事は社会を代表する無給のボランタリーな仕事なので、理事長も
無給である。年に 2 回シカゴで行われる理事会の議長、ExCom 委員会への出
席、その他理事会活動全般へのリーダーシップが主な仕事である。今後はこれ
を楽しみながら、国際学会活動や日本での種々のボランタリーな仕事に貢献
し、テニス、ゴルフ、ジョギング、サイクリング、音楽などを楽しむ生活を続
けて行きたいと考えている。

あとがき

　これまでに書いてきたように、日本とアメリカの社会や文化は大きく異なっている。それぞれに良いところがある。しかし、急速にグローバル化している流れの中で、日本の社会、特に次世代のエリートあるいはリーダーを教育する大学は大きな変革が求められていると思う。その重要なポイントは「まえがき」でも述べたように、教育の質を保証する仕組みを作ることである。その基礎として、しっかりとした評価システムを作ることが必要である。これは日本の文化になじまない面もあるが、大学がグローバルなスタンダードを取り入れ、世界をリードすることができなければ、日本は国として地盤沈下を続け、皆で貧乏になっていくしかないであろう。

　筆者が専門としてきたコンピュータによる音声認識を含め、人工知能（AI）は近年の Deep Learning（深層学習）を中心とする機械学習理論とアルゴリズムの進展により、急速な進歩を遂げている。Deep Learning が従来の方法と大きく異なるのは、人間がプログラムを与えなくてもデータの内容を自動的に理解し、適切なアルゴリズムを自動的に学習するところにある。コンピュータとネットワークの進歩に支えられたデータ処理量の急激な増大、ビッグデータがそれを支えている。多くの分野において、データや知識に基づく判断は、人間より AI の方が迅速かつ正確になるであろう。発明や特許取得でも人間の研究者を圧倒し、大衆操作で人間のリーダーを上回ることになるかもしれない。

　2045 年には Singularity（技術的特異点）を迎えて、AI が人類全体の知能を追い抜くという説もある。しかし、知能が何かということは明らかになっていないし、概して人間にとって難しい複雑な推論のようなことは AI にとって簡単で、知覚や行動のような人間にとって簡単なことが AI には極めて難しい。AI が人間の機能を真似する必要性は必ずしもないし、AI と人類が競う必要性もない。Singularity が来るのか来ないのか、来るとすればどういう形で来て、人類社会にどのような影響を与えるのかはまだわからない。明らかなことは

AIと人類の知能が結びつくことにより、人類の生活が大きく変容していくということだ。AIにできない判断力、創造性を持てるか、AIをどれだけ使いこなせるかが、これからのリーダーの鍵であろう。

　これまで半世紀にわたって、音声認識を中心とするコンピュータサイエンスに関する研究と教育に従事してきた。当然、自分にできることとできないことがあるので、これからもこれまでと同様、自分にしかできないことを探して、それを通じて少しでも世の中に貢献していきたい。自分が期待されているところを探して、自らの可能性を試し、創造性を発揮し、期待に精一杯応えたい。
　「幸福とは掴もうとして得られるものではなく、我々が何かに一生懸命になっているときにen passant（通りすがり、偶然）に我々にふりかかって来るものである。」（John Stuart Mill）という言葉がある。これまで、今という時を大切に生きたい、今できることを明日に延ばさない、という信条でやってきた。明日でよいかもしれなくても、今やれば明日には新しいことができて、一歩前に進むことができる。

　筆者は、TTICの2代目の学長である。初代の永澤満学長はTTIJの学長を兼ねており、コンピュータサイエンスの専門家ではなかったので、TTICの創立における規則作りなどで大きな貢献をされたが、シカゴに滞在されることはなく、教育や研究内容、その具体的方法について教員と議論することはほとんどなかった。筆者はTTICの実質的基盤構築という意味で、最初の学長を務めさせていただいたということもできる。アメリカの大学における初めての実質的な日本人学長と言えるかもしれない。幸い、筆者が学長を務めた6年余りの間に、教職員の多大な努力や理事会の献身的なサポートによりTTICは大きな成長を遂げ、今後の活動基盤を構築することができた。筆者のつたない経験が、日本で大学経営や運営に携わる方々に少しでも参考になればと願っている。

古　井　貞　熙

筆者の生い立ちと経歴

　筆者が、シカゴでの大学の学長を引き受ける覚悟をした背景の一部に、筆者の生い立ちを原点とする国際的活動への思い入れがある。長くなるが、それを書くこととしたい。

　筆者は 1945 年の 8 月 19 日、つまり第二次世界大戦の終戦の 4 日後に、東京で生まれた。祖父・馬場正郎（陸軍中将）は戦前はドイツに留学するなど、主に陸軍の教育畑で出世街道を進んでいたが、最後に 1945 年 1 月に、ほとんど戦況が決まっていて最も悲惨な戦場であった南太平洋の日本軍の司令官に任命された。終戦処理として、1945 年 9 月 10 日にボルネオ島（マレーシア）のラブアンで、オーストラリアのウッテン陸軍少将に有名な軍刀（15 世紀の兼延の作）を没収され、降伏文書に署名した。1946 年 4 月に帰国したが、1947 年 1 月 7 日（祖父の誕生日）に進駐軍に連行されて、BC 級戦犯として巣鴨刑務所に留置された後、パプアニューギニアのラバウル（終戦まで日本軍南方方面司令部が置かれていた）で行われたオーストラリア軍総司令部での軍法会議での裁判にかけられた。その結果、南太平洋での日本軍に関するすべての責任、特にボルネオ島での「サンダカン死の行進」（捕虜虐待）の責任を一身に引き受けて、8 月 7 日にラバウルで処刑（絞首刑）された。処刑の前日に書いたオーストラリア軍司令官宛の遺書では、若い有為の青年の減刑と、日本とオーストラリアの友好を願っている。結果として、オーストラリアで捕虜になっていた日本人は、死刑になった捕虜収容所幹部 5 人を除いて、すべて解放された。没収された祖父の軍刀は、オーストラリアのキャンベラにある戦争博物館に展示されている。祖父の義理の兄には連合艦隊司令官および台湾総督（海軍大将）、海軍兵学校（江田島）校長（海軍中将）などがいるが、終戦前に退役していたので責任は問われなかった。祖父の処刑は、祖母や娘であった私の母には極めて大きな衝撃であった。戦犯であったため、しばらくの間年金（恩

給）も出ず、苦しい時を過ごし、祖母と母はクリスチャンになった。

　「サンダカン死の行進」について、オーストラリアの大学教授 Dick（Richard）W. Braithwaite が、30 年にわたって詳細な調査をされた。Dick の父親は、サンダカン捕虜収容所と、サンダカンからラナウまでの約 260 km の死の行進で、1,787 名のオーストラリア人と 641 名のイギリス人捕虜（計 2,428 名）が犠牲になった（日本兵も約 9,500 名が死亡した）中で、逃亡して生き延びた 6 名（生存率 0.25%）のうちの一人で、Dick の母親は元々犠牲者の妻だった。つまり、Dick の父親は、友人だった犠牲者の未亡人と結婚した。Dick は犠牲者の立場だけでなく、日本軍および日本兵についての分析も重要と考え、いろいろな伝手を使って我々の家族を見つけだし、東京に来て一緒に靖国神社を訪問したり、話をしたりした。靖国神社では泰緬鉄道の機関車などの展示品の説明を見て、ものすごく怒っていた。「サンダカン死の行進」そのものではないが、元日本兵の上野逸勝氏（故人）の回想記「北ボルネオ密林―死の行軍 600 キロの真実、一兵士の記録―」を見つけ出し、著者の家族に直接会って資料を集め、その回想記の英訳本の編集もしている。
　サンダカン（ボルネオ島の現在のマレーシアのサバ州にある都市で、州都コタキナバルに次ぐ第 2 の都市、戦前はイギリス領北ボルネオの首都だった）の捕虜収容所に収容されていたイギリス人とオーストラリア人の捕虜は、日本軍がシンガポールを占領したときに捕虜となった人の一部で、残りの多数（約 65,000 人、内オーストラリア人は約 9,500 人）は泰緬鉄道の建設のための強制労働をさせられ、約 12,000 人の捕虜（内オーストラリア人は 2,646 人）が死亡し、「死の鉄道」と呼ばれた。「死の鉄道」から生き残り、イギリスに戻った人達が、1998 年 5 月 26 日の天皇・皇后両陛下の英国訪問における、バッキンガム宮殿に続く 800 メートルの沿道で、両陛下の馬車のパレードに背を向けて「クワイ河マーチ」の口笛を吹いていたことはよく知られている。天皇陛下はバッキンガム宮殿での晩餐会で、「戦争により人々の受けた傷を思う時、深い心の痛みを覚えますが、（略）私どもはこうしたことを心にとどめ、滞在の日々を過ごしたいと思っています」と述べている。
　サンダカンでは、日本軍に酷使されたり、イギリス領北ボルネオ政府に勤め

ていたために処刑されたり、抗日活動家として虐殺されたり、日本軍の協力者
として内情に通じていたために、諜報容疑者として日本軍が撤退する際に殺さ
れた人を含めて、多数の現地人（主に中国系マレーシア人（華僑））が犠牲に
なった。男子が皆殺しになった家族も少なくない。このため、今でも日本軍を
恨んでいる人が多数いる。

　筆者がオーストラリアでの国際会議に出席する機会に Dick の家を訪ねて、
泊めていただきながらいろいろ話をし、オーストラリアと日本の友好を祈念す
る植樹を家の庭にした。Dick の詳細な事実に基づく調査の結果、死の行進を
決めたのは祖父の前任の山脇正隆司令官（中将）とサイゴンに置かれていた南
方軍総司令部の寺内寿一陸軍大将であり、1 回目の行進は祖父が着任する前
（1945 年 1 月〜4 月）に始まっていて、祖父は 2 回目の行進（1945 年 5 月〜6
月）を止めようとしたが、すでに決まっていた方針を変えることを否定された
こと、捕虜の扱いに関しても改善を模索したが総司令部に拒否されたことが確
認された。このため死の行進の主たる責任は必ずしも私の祖父にはないとし
て、オーストラリアと日本の友好の印に祖父の刀を我々家族に返すべきと言っ
ていた。残念ながら犠牲者の家族からは理解が得られず、刀を返すのは許せな
いというのが大勢である。我々家族も刀を取り返したいとは思っていない。前
任の司令官が決めたことであったとしても、それを止められなかった（当時の
日本の軍隊ではそれができなかった）責任は祖父にないとは言えない。祖父は
アメリカとの戦争には否定的であったため、最後に悲惨な戦場の司令官に任命
されたと母から聞かされたこともあるが、それで責任を免れることができるわ
けではないと思う。毎年 8 月 15 日にサンダカンで犠牲者の慰霊祭（追悼式）
が行われているが、オーストラリア、マレーシア、日本が行う慰霊祭が別々に
行われ、合同で行う雰囲気は全くないようである。筆者がそこに出席して謝罪
をしたいと申し出たところ、Dick からは「大変良いことだ」と言われたが、
マレーシア人から断られた。

　Dick の長年の研究・調査は、2015 年に『Fighting Monsters—An Intimate
History of the Sandakan Tragedy』（Australian Scholarly Publishing）として
出版されたが、Dick はその直後に癌のために死去した。この本には、戦争と
いうものの悲惨さが沢山書かれている。そして関係する三者、すなわちオース

トラリア、日本、そして現地ボルネオ島の人々が協力して和解へ進むべき道筋が書かれている。Dick は亡くなる前に、この本の1冊に、弟の John と一緒に前進してほしいというメッセージを書いて送ってくれた。残された者として、いつか必ずこの遺志を実現することを誓った。

　2017年12月にマレーシアのクアラルンプールで、筆者らが2009年に創設した学会 Asia-Pacific Signal and Information Processing Association（APSIPA）の国際会議が開かれ、出席した。John を通じて、ボルネオ島の人たちにもしできることならクアラルンプールで会って話がしたいと伝えたところ、コタキナバルからわざわざ飛行機で、筆者が泊まっていたホテルまで Cynthia Gaik Suon Ong さん（女性）とその甥が来てくれた。事前の連絡で、先方からクアラルンプールまで来ることができない親戚・家族に、筆者との会談（インタビュー）をビデオで記録して見せたいという希望があり、了承していたので、甥が撮影者として同行してきた。Cynthia は曽祖父がイギリス領北ボルネオ政府に勤めていたため、家族の中の男性は日本軍に処刑された祖父を含め、そのほとんどが犠牲になり、女性だけが残った中で育てられた。ホテルの部屋に簡単な祭壇を設け、写真、花などを飾って、戦争で亡くなった方々への追悼のセレモニーを行った後、2時間にわたって筆者が考えていることを被害者への謝罪を含めて話をし、すべてが録画された。どういう雰囲気の会談になるか事前に全く予想がつかなかったので十分な準備ができず、かなり緊張したが、日頃考えていることを話すことができ、好意的に受け止めてもらえたという印象を持った。最後に Cynthia と筆者の二人の手で平和を願うハートマークを作って、ビデオのエンディングとした。Cynthia には日本的な和服の帯のような布で作られたテーブルランナーを記念にプレゼントした。このビデオは Cynthia の親戚・家族や Dick の家族に見ていただいた後、Facebook の Dick の本のページで世界的に公開され、8,000人近い人たちに見てもらうことができた。

　その後、2018年11月に Cynthia、ご主人の Kenn、お嬢さん、およびそのボーイフレンドの4人が日本を訪ねてくれて、浅草の居酒屋で飲食しながら親しくいろいろな話をすることができた。次には、筆者がコタキナバルを訪問す

る番である。Dick の本の最後には、サンダカンで合同慰霊祭はまだ敵対的雰囲気が大きくて無理なので、「死の行進」の終着点に近く、ボルネオの富士山的存在のキナバル山の麓で行うのがよいのではないかと書かれている。まずはそれを目指し、将来の和解への道筋をつけたいと考えている。

　今後の和解のステップがどうなるかは、まだ見通せていない。欧州、東欧、中東では、第一次、第二次世界大戦を含み、歴史的に何度も民族間の虐殺、大量殺戮などが行われ、近年、種々の国や民族の間で和解の試みが行われている。ドイツと旧連合国との間で、ドレスデン爆撃50周年の1995年2月13日に実現した「ドレスデンの和解」の背景と、上記の我が国の問題とは性格が違うが、「ドレスデンの和解」と同様に、「国家」や「国民」を対象としたものではなく、人々のレベルで人間的悲劇としての和解はできないものだろうか？この和解は相手の立場を理解し、慮ることによってのみなされるものと思う。オーストラリア、マレーシア、そして日本の代表者による相互献花の儀式をいつか実現したいと思う。戦争には勝者も敗者もない。みんなが傷つく。勝った方も負けた方も傷つく。戦争は人間を変えてしまう。過去の悲劇の事実と背景を理解し、それを忘れないことが、悲劇の再発防止のための最大の抑止力となると信じる。

　筆者の父は、祖父が国内で騎兵連隊長を務めていた時の部下の一人で、祖父に気に入られて長女であった母と結婚することになった。第二次世界大戦に参加したが、無事に生きて帰ることができた。戦後は中央大学で法律を学んだりしたが、結局、1950年の警察予備隊発足によりその一員となり、1952年に保安隊、1954年に陸上自衛隊と組織が変わったが継続して仕事を続けた。保安隊の頃、選ばれて1年間、アメリカのケンタッキーの軍の施設で訓練を受けた。まだ旅客機は使えなかったので、横浜からシアトルまで船（氷川丸）で太平洋を2週間かけて横断し、そこから列車でケンタッキーまで行った。父はそこで、バーボンとアメリカのファンになった。市ヶ谷、朝霞、仙台、札幌、千歳などで働いたが、朝霞の連隊長の時に天皇陛下のご視察を迎えたことを誇りにしていた。陸将補（戦争中の中将に相当）として北海道の第7師団司令部幕僚長まで務めて退職した。筆者は長男で、2歳下の弟がいるが、父はどちらに

も戦争中の話をすることはほとんどなかった。家のことは母親に任せるという昔のスタイルの父だったので、子供の教育に関しても母親任せであった。

　父は自衛隊を退職後、建設資材の会社にしばらく務め、庭仕事なども楽しんでいた。後述するように母の影響でクリスチャンになった。2007年2月23日に89歳で亡くなった後、自宅の建て替えのため納戸を整理していたら、奥深くに父が隠していた儀礼用の刀とピストルおよびその弾が見つかりびっくりした。警察に連絡し、刀は美術品として届ければ所持できるとのことであったが、両方とも処分してもらった。

昭和天皇から次の平成天皇への手紙：
「敗因について一言いわせてくれ
　我が国人が　あまり皇国を信じ過ぎて　英米をあなどったことである
　我が軍人は　精神に重みをおきすぎて　科学を忘れたことである」

　日本大本営作戦当事者たちの観念的思考と精神主義は、数字に立脚した米軍の科学思想の前に戦う前から敗れていた。日本の陸軍も海軍も日露戦争時代の考え方で足踏みしていて、情報や制空権の重要性を全く理解していなかった。米軍に対する情報収集や諜報活動への体制が作られたのは敗色が濃くなってからであり、結局、米軍の通信の暗号解読はできなかった。情報なき国家の悲劇であった。米軍に関しては極めて乏しい、あるいは間違った情報しか持たず、逆に日本軍の動きに関する情報は米軍に筒抜けであった。その上、制空権の意識がなかったため、戦闘機や進んだ武器に対して、艦船や歩兵の銃剣突撃による全く無駄な戦い方をしたり、補給路を断たれて、戦わずして餓死したり熱帯病で病死したりする者を多数出すことになった。戦略の失敗を戦術や戦闘で取り返すことはできないのである。

　母も、この科学を忘れたことによる悲劇を心に刻み、子供には高度な教育をし、戦勝国の人とも交流できる国際人になることを期待した。筆者は、母が自ら学んだお茶の水女子大学の附属小学校に入れられ、小学生高学年から英会話を学ばせられた。科学への興味を持つように教育された。母から勉強しなさい

と言われたことはないが、小学1年生のときに成績がたまたまクラスで1番になったので、それからずっとクラスのトップにいなければいけないという期待とプレッシャーを感じて、勉強していた。運動が苦手だったが音楽が好きだったので、小学校のブラスバンドでトランペットを吹き、そのまま進学した附属中学ではアルトホルンを吹いていた。中学の途中からメロディーを演奏できる楽器に憧れ、フルートを習い始めた。

　男子は附属高校には進学できないので、高校を受験しなければならなかったが、当時はトップレベルの生徒は都立日比谷高校に入って東大に行くのが当たり前だったので、それに従った。他の選択肢はなかった。住んでいた世田谷区は日比谷高校の学区ではなかったが、住民票だけを学区に移して（いわゆる「寄留」）受験するのは普通だったので、受験中だけ港区青山のお米屋さんに移した。日比谷高校は極めてリベラルな学校で、議論をする大切さなど沢山のことを学んだ。批判的な思考を妨げる丸暗記教育は、独裁的な支配者を助けることになることを教えられた。当時の高校としては珍しかったオーケストラがあり、フルートを吹いていた。虎ノ門ホールで開いた演奏会でベートーベンの交響曲1番、ビゼーの「アルルの女」などを演奏して、楽しかった。

　高校では文系の科目も好きで、得意であった。高校の友人は、筆者が大学の文系に進学すると思っていたかもしれない。自分としては、天才的な理系の人にはかなわないが、両方できたら理系しかできない人にはできないことができるかもしれないと思って東大の理科一類を受験し、入学した。東大では全員がまず教養学部に所属して1年半勉強した後、進学振り分けというのがあり、専門を選ぶことになっている。いろいろ考えて、これからはコンピュータの時代と判断し計数工学科に進学した。

　フルートの腕前は東大のオーケストラで通用するとは思えなかったので、男声合唱団コールアカデミーに入部して、部長を務め、全国を演奏旅行したりした。駒場の練習場で、窓際にかばんを置いて練習していたら、外から盗まれた。ノートや手帳は基本的に持たない主義なので、教科書を盗まれたのは痛かったが被害は少なくてすんだ。

　生活習慣としてノートや手帳は基本的に持たないので、特に重要なことを除いてメモはせず、できるだけ覚えるようにしている。メモをするとそれを持ち

歩かなければならないが、いつもそれができるわけではないし、どこにメモを
したか覚えておかなければならない。それくらいなら中身をそのまま覚えたほ
うがよい。予定は部屋のホワイトボードのカレンダーに記入し、そのまま覚え
ていた。

　高校、大学、大学院でもトップクラスの成績をとるために、それなりに勉強
した。東大の成績は「優・良・可・不可」で付けられるが、学部、大学院を通
じて「可」が一つだけある。教養学部の幾何の先生の教え方が気に入らず、全
く勉強しないで中間試験を受けたら、さすがに全くできず「0点」を食らっ
た。これはまずいと思って、期末試験はちゃんと勉強して受けたら「100点」
だったので、結局「可」の成績をもらった。

　大学の学部を卒業したら企業に就職しようと思い、ある企業を考えていた
が、もう少し勉強してから就職した方がよいと思い直し大学院に進学すること
にした。そこで就職していたら人生は全く変わっていたであろう。学部の4年
生の後期は研究室に所属して卒業論文研究をすることになっており、統計学に
興味があったので、その分野をやっていた朝香鉄一教授の研究室に入れても
らった。しかし、実際に研究室に所属してみると、研究室でやっている研究に
全く興味がわかなかったため、週1回行われたゼミ以外は全く研究室には顔を
出さず、一人で図書館にこもって統計的推論とパターン認識に関する研究とい
うか勉強をしていた。教授の指導は全く受けず、勉強したことを卒業論文にし
て卒業させてもらった。こんなことをしていたので、卒業後、研究室の同窓会
に呼ばれたことがない。

　大学院は駒場にあった東大の宇宙航空研究所の中に、計数工学科の五十嵐寿
一教授と石井泰助教授の研究室、合わせて「五石研究室」があり、世田谷の自
宅から近くて自分の車で通えるのと、その研究室で進めていた音響および信号
処理研究が面白そうだと思ったので、そこに所属させてもらった。修士課程で
信号処理の研究をしていたが、そのうちに実験の対象とした音声に興味をも
ち、音声情報処理の研究者になりたくなった。指導教員だった石井先生は博士
課程に進学させたかったらしいが、大学の教員になるつもりは全くなかった。
石井先生が音声の専門家ではなかったことと、当時の大学の設備では最先端の
研究はできないと思ったので、我が国で最先端の研究をやっていた電電公社

（現在のNTT）の研究所を訪問し、齋藤収三室長の第四研究室に採用してもらった。

　与えられた研究テーマは音声の個人性に関する研究で、直接指導者は板倉文忠氏だったが、同じ研究をやっている人は世界中でもまだ少なかったので、上司の指導はあまり受けずに一人で文献を読みながら研究を進め、せっせと論文を書いた。8年ほど研究して、1978年の12月にアメリカのベル研究所に派遣される幸運に恵まれたので、その前に学位論文を仕上げ、東大の石井先生のところに提出して工学博士を取得した。世界のトップレベルの研究者が集まるベル研究所に滞在して、優秀な研究者たちから沢山のことを学び、多数の貴重な友人を得た。

　ベル研究所で1年間研究し、ベル研の研究室としてはさらに1年間の滞在を希望していたが、電電公社側が違う分野の他の候補者を選んだため、帰国することになった。その候補者は結局ベル研究所が受け入れを拒否した。帰国して元の研究室に戻ったが、3年して1982年に研究開発本部に異動になり、2年間、研究から完全に離れて管理業務を学んだ。研究所全体の国際関係業務と電気系以外の大学院生および博士の採用が担当だった。研究から離れるのは残念であったが、組織管理についていろいろ学ぶことができた。国内の大学の先生や海外の研究機関の関係者に沢山の知り合いができ、貴重な財産になった。

　再び研究室に戻って、1987年に研究室長、1989年に研究部長になり、その頃、石井先生から東大に戻って来ないかという誘いをいただいたが、優秀な部下と研究設備に恵まれたNTTを離れる気が起こらず、お断りした（形式的にはNTTが断った）。その後、管理業務に就くより研究を続けることを希望し、1991年に古井特別研究室長を拝命した。優秀な研究者の部下と青天井の予算を与えられ、思う存分研究をすることができた。

　1994年に、東工大から計算工学専攻の客員教授になってほしいという依頼を受けた。世界的に通信会社の立ち位置が難しくなり、NTTでも自由な研究をするのが難しくなってきていたので、NTTと東工大の両方で仕事をすることにした。3年後の1997年に正規の教授になり、NTTを退職した。その後、

東工大で篠田准教授、岩野助教、篠崎助教などとともに、一時は 40 人以上の
スタッフ・多国籍の学生・研究員からなる国際色豊かな研究室を運営すること
ができた。NTT の時を合わせると 30 カ国以上からの研究者や学生を受け入
れた。

　これまでに査読のない国内学会の短い論文を含めると、1,000 件以上の論文
を発表することができた。研究の初期の頃の論文は自分が筆頭で書いている
が、後になると解説や教科書を除いて、ほとんどが研究室の同僚（部下）や指
導学生を筆頭著書とするものである。国内および国際学会（日本音響学会、
International Speech Communication Association（ISCA）、Asia-Pacific Sig-
nal and Information Processing Association（APSIPA））の会長、ジャーナル
（Journal of Speech Communication、電子情報通信学会論文誌）の編集長、表
彰選考委員会などの委員長、国際会議の運営などもいろいろ経験した。アジア
太平洋地域の信号処理および情報処理の学術活動を活性化するために、多数の
友人と協力して APSIPA を創立した。英語での講義や講演はなぜか評判がよ
く、IEEE Signal Processing Society や ISCA の Distinguished Lecturer とし
て、（南極大陸以外の）すべての大陸の大学や学会で、音声の最新技術などに
ついて講義や講演をした。国際会議での基調講演や招待講演の数は 100 件以上
になる。国際会議、大学での講義などで 40 カ国以上の国に行った。その結果、
世界中に沢山の友人を作ることができた。

　音声工学の研究は人間の記憶や認知活動と密接に結び付いた奥の深い分野
で、映像や言語の処理との共通の技術もあるのだが、音声そのものが目に見え
ないということもあって、長らく一般の人の関心を引き付けにくかった。特に
実用化技術として実際に使われるようになるまでは役に立たない分野と思われ
て、どこの研究機関でも研究を続けるのが難しくなることが何度もあった。そ
のたびに仲間を集めて、如何に研究の勢いを保つか相談し、国のプロジェクト
として研究予算を確保する努力などをした。その結果として、必ずしも音声を
主たる対象とするプロジェクトだけではないが、国内の沢山の研究開発プロ
ジェクトに参加したり代表を務めたりした。21 世紀 COE「大規模知識資源の
体系化と活用基盤構築」、「話し言葉工学」プロジェクト、「音声認識技術実用
化」プロジェクトの代表を務め、それぞれ 10 億円の国家予算を使って若手の

研究者を雇用し、種々の研究開発を進めることができた。NTT の研究室での予算を含めると、全部で少なくとも 40 億円以上は使ったことになる。幸い、2010 年頃から深層学習技術の急速な発展により、音声認識精度が著しく向上し、Apple、Google、Amazon、Microsoft などの音声を使った製品が広く使われるようになって、音声技術が一般に広く知られるようになった。

東工大の学科長、専攻長、研究科長、附属図書館長などを務め、2011 年 3 月に定年退職した。引き続き東工大のグローバルリーダー教育院（道場主）と大学情報活用センター（センター長）で仕事をすることになった。学長選挙の候補者となったが、選挙の結果は 3 番目であった。上位の二人が不正経理で脱落し再選挙をすることになったが、大学の状況に絶望し、候補者を辞退してほしいという圧力もあって辞退した。

その後、2013 年 4 月から、東工大での仕事と並行して、アメリカのシカゴにある Toyota Technological Institute at Chicago（TTIC）の学長を務めることになり、東京とシカゴを毎月往復する生活が始まった。2015 年 3 月で東工大での仕事を終わりにし、4 月からは TTIC の仕事に集中することになった。

1978 年に、ハワイでの国際会議に続けてベル研究所に滞在するために、生まれて初めて飛行機に乗ってから 40 年間で、2 つの航空会社（United 航空と日本航空）を合わせて累積のマイレージが 200 万マイルを越えた。地球を約80 周したことになる。

沢山の国際活動を行う中で、世界中に素晴らしい恩師、友人、知人、弟子、助けていただいた方々、微力ながら助けてあげることができた方々ができて、それが極めて貴重な財産になっている。

母は、戦後、アメリカ人宣教師に導かれてクリスチャンになり、以後 60 年以上にわたってクリスチャンとしての生涯を送った。何度か教会を変わったが、経堂緑岡教会に移ってしばらくしてから父が洗礼を受けてクリスチャンとなり、母は父とともに教会に通えることをとても喜んでいた。母は YWCA の「留学生の母親」運動に 30 年以上の長くにわたって関わり、特にベトナムからの留学生の「日本のお母さん」として、その人たちのお世話をしたり、自宅に

招いてもてなしたりしていた。その交流は晩年まで続いた。母は豊富な好奇心を発揮して、革工芸やジャワ更紗と呼ばれる染物の作品を作ったり、スケッチ、油絵などを描いたりするのを趣味としていた。さらにお友達との集まり、ハイキング、父との海外旅行なども楽しんでいた。2009 年初めの自宅での転倒による骨折による入院の後、介護付き老人ホームにお世話になるようになった。スタッフの方々からの温かい献身的なお世話に加えて、牧師をはじめとする教会の方々など多数の方々にホームにご訪問いただいたり、電話をかけていただいたりして、幸せな毎日を送っていた。仕事の関係から海外に出かけることが多い筆者が、2014 年 9 月 20 日の朝に海外から帰国し、いつものように母の好物だったお寿司をお昼に持参したところ、疲れている様子であまり食欲はなかったが「おいしい」と言って食べていた。握手をして別れたのが最後となり、その日の夜に母は安らかにその 90 年の生涯を終えた。

著者略歴

古井貞熙（ふるい・さだおき）

東京大学大学院計数工学専攻で情報処理工学を専攻し、修了後、日本電信電話公社電気通信研究所研究員、米国ベル研究所客員研究員を経て、東京工業大学教授に就任。平成25年には渡米し、Toyota Technological Institute at Chicago（TTIC）学長として活躍し、現在は、東京工業大学名誉教授、東京工業大学栄誉教授、国立情報学研究所研究総主幹。平成18年文部科学大臣表彰および紫綬褒章、平成24年日本放送協会放送文化賞、平成25年大川賞等各受賞、平成28年文化功労者。

AI 時代の大学と社会
―アメリカでの学長経験から―

2021年5月31日	初版発行
2021年10月15日	第二刷発行

著作者　古井　貞熙　　　　　　　　　©2021

発行所　**丸善プラネット株式会社**
　　　　〒101-0051　東京都千代田区神田神保町二丁目17番
　　　　電話（03）3512-8516
　　　　http://planet.maruzen.co.jp/

発売所　**丸善出版株式会社**
　　　　〒101-0051　東京都千代田区神田神保町二丁目17番
　　　　電話（03）3512-3256
　　　　https://www.maruzen-publishing.co.jp/

印刷・製本　三美印刷株式会社

ISBN 978-4-86345-493-4 C0004